신문이 보이고 ⑬
뉴스가 들리는

재미있는
# 수학
# 이야기

신문이 보이고 뉴스가 들리는 ⑬
재미있는 수학 이야기

개정판 1쇄 발행 | 2014년 7월 15일
개정판 7쇄 발행 | 2020년 12월 31일

지 은 이 | 김정하 권현직
그 린 이 | 김영랑

펴 낸 곳 | (주)가나문화콘텐츠
펴 낸 이 | 김남전
편 집 장 | 유다형
편 집 | 이보라
디 자 인 | 정란
마 케 팅 | 정상원 한웅 정용민 김건우
관 리 | 임종열 김하은

출 판 등 록 | 2002년 2월 15일 제10-2308호
주 소 | 경기도 고양시 덕양구 호원길 3-2
전 화 | 02-717-5494(편집부) 02-332-7755(관리부)
팩 스 | 02-324-9944
홈 페 이 지 | ganapub.com
이 메 일 | ganapub@naver.com
ISBN 978-89-5736-679-0 (74410)

*책값은 뒤표지에 표시되어 있습니다.
*이 책의 내용을 재사용하려면 반드시 (주)가나문화콘텐츠의 동의를 얻어야 합니다.
*잘못된 책은 구입하신 서점에서 바꾸어 드립니다.

*'가나출판사'는 (주)가나문화콘텐츠의 출판 브랜드입니다.

「이 도서의 국립중앙도서관 출판시도서목록(CIP)은 서지정보유통지원시스템 홈페이지(http://seoji.nl.go.kr)와
국가자료공동목록시스템(http://www.nl.go.kr/kolisnet)에서 이용하실 수 있습니다.(CIP제어번호: CIP2014019268)」

• 제조자명 : (주)가나문화콘텐츠
• 주소 및 전화번호 : 경기도 고양시 덕양구 호원길 3-2 / 02-717-5494
• 인쇄일 : 2020년 12월 24일
• 제조국명 : 대한민국
• 사용연령 : 4세 이상 어린이 제품

# 신문이 보이고 뉴스가 들리는 ⑬
## 재미있는 수학 이야기

글 김정하 · 권현직 | 그림 김영랑
추천 강문봉 (대한수학교육학회 회장)

가나출판사

| 머리말 |

# 수학은 어디에? 바로 내 곁에!

 '수학은 왜 필요할까?'라고 생각해 본 적이 있나요? 어릴 적 저도 수학 문제를 풀지 못해 끙끙댈 때마다 이런 고민을 한 적이 있습니다. 어른들에게도 여쭤 봤지요. "수학은 왜 배워야 돼요?" 어른들은 "수학을 알아야 콩나물 하나라도 제대로 사 오지."라고 말씀하셨습니다. 그럼 또 저는 '콩나물을 살 정도의 수학만 알면 되지, 왜 복잡하고 어려운 수학까지 공부를 해야 해?'라는 생각을 했지요. 그런데 어른들 말씀에 담긴 뜻은 단순히 콩나물 사는 데 수학이 필요하다는 얘기가 아니었어요. 우리 생활 곳곳에 수학이 활용되고 있고, 수학의 원리를 알아야 더 나은 생활을 할 수 있다는 의미가 담겨 있었던 거지요.

 어린 시절의 저처럼 수학이 교과서에서만 보는 어렵고 재미없는 학문이라고 생각하고 수학 때문에 고민에 빠져 있는 친구들이 있다면 이 책을 꼭 펼쳐 보세요. 이 책은 수학에 관한 편견을 버리고 친근하게 느낄 수 있도록 생활하면서 만나는 다양한 상황과 수학을 연결하여 설명하고 있답니다. 우리의 일상에서 수학을 찾아내고, 생각의 과정을 재미있게 즐기고, 답을 알아내는 쾌감을 느낄 수 있을 거예요.

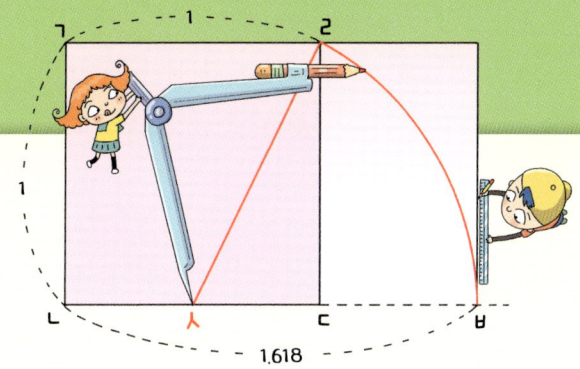

    소풍날 도시락을 싸면서 수학을 공부할 수 있다면 더욱 재미있고 의미 있는 소풍이 될 것입니다. 자판기에서 음료를 선택하고 음료수를 꺼낼 때도 수학의 원리가 느껴진다면 평범한 일도 즐거운 일이 될 거예요. 또 스포츠 경기를 보면서 환호성과 함께 수학 공부를 한다면 응원이 한층 재밌어지지 않을까요? 이 밖에도 비행기가 뜨고 내리는 것, 회사의 이익이 더 많이 남도록 하는 방법 등의 예는 보다 어려운 수학이 필요할 뿐, 수학이라는 학문이 우리 주변에 활용되고 있다는 사실을 보여 주는 건 같아요. 이러한 예들을 따라가다 보면 수학을 점점 더 친근하게 느껴질 것입니다.

    우리는 공기를 느낄 수 없어도 공기가 없으면 살 수 없듯이, 수학을 느낄 수 없어도 수학이 없으면 지금처럼 편안한 생활을 하기 힘듭니다. 수학의 눈으로 세상을 보면, 매일 같아 보이던 세상도 새로워 보여요. 이 책을 시작으로 여러분이 수학에 흥미를 가지고 세상을 바라보는 새로운 안목을 키워 가길 바랍니다.

여러분이 수학과 친해지기를 바라며<br>김정하

| 추 천 의 글 |

# 우리의 삶을 편하게 해 주는 수학을 찾아봅시다

흔히 수학이라고 하면 +, −, ×, ÷ 등의 부호와 숫자로 나열된 식을 계산하는 것이라고 생각합니다. 그래서 어렵고 골치 아픈 것이라는 편견을 갖게 되지요. 그러나 수학은 여러분이 생각하는 것보다 훨씬 많은 것들을 포함하고 우리의 삶을 편하게 해 주는 재미있는 학문이랍니다.

많은 사람들이 과학의 발달로 인하여 우리의 생활이 편해지고 있다고 말합니다. 그러나 과학이 발달할 수 있는 것은 바로 수학이 있기 때문입니다. 우리의 삶을 편리하게 도와주는 것들에는 무엇이 있는지 예를 들어 볼까요? 지금 있는 곳에서 잠깐 고개만 돌려도 쉽게 볼 수 있는 컴퓨터, 자동차, 사진기 등을 들 수 있겠지요.

컴퓨터를 쉽게 사용할 수 있도록 해 주는 마우스는 수학의 좌표평면을 이용하여 개발되었습니다. 자동차가 달리는 속력도 수학을 알아야만 계산할 수 있지요. 또한 사진기로 찍은 사진이 우리의 모습을 선명하게 표현하고 있는 것도 수학에서 말하는 수많은 점들이 모여 이뤄 낸 결과입니다.

부자가 되려면 경제도 잘 알아야겠지요? 그런데 경제만큼이나 수학을 잘 알아야 해요. 이율 계산을 잘할 수 있어야 여러 가지 금융 상품들을 비교하여 이윤이 더 큰 상품을 선택할 수 있으니까요.

안타깝지만 이렇게 중요한 수학을 어려워하는 친구들이 많은 것 같아요. 이는 수학 시간에 배우는 공식을 외워야만 수학 문제를 해결할 수 있다고 생각하기 때문이에요. 수학에 조금만 흥미를 가지고, 공식을 외우기보다 이해하려는 생각으로 다가간다면 여러분이 직접 수학의 공식을 만들 수도 있을 것입니다. 뿐만 아니라 수학이 다른 어떤 과목보다 쉽고 재미있다는 사실도 알게 될 것입니다.

《신문이 보이고 뉴스가 들리는 재미있는 수학 이야기》는 학교생활 속에, 사회와 경제 속에, 스포츠 속에, 자연 속에 꼭꼭 숨어 있는 수학을 찾아내서 그 원리를 재미있게 설명합니다. 따라서 여러분이 수학에 쉽게 다가갈 수 있도록 도와줄 것입니다. 많은 친구들이 이 책을 읽고 수학을 재미있게 공부하여 더 편안한 세상을 만들어 나가길 바랍니다.

대한수학교육학회 회장
강문봉 교수

| 차 례 |

머리말 · 4
추천의 글 · 6

## 학교에서 수학을 찾아라! · 12

**최대공약수** 소풍 도시락 싸기 · 14
**일대일 대응** 사다리 타기로 계주 순서 정하기 · 18
**나눗셈과 나머지** 내년 9월 14일은 무슨 요일일까? · 22
**배수** 구슬 가져가기 게임의 승리 비결 · 26
**피타고라스의 정리** 가장 가까운 등 · 하굣길 찾기 · 30
**도형의 넓이** 운동장 개발 예산 세우기 · 34
**좌표** 수학으로 작동하는 컴퓨터 · 38

정오각형의 작도법을 발견한 피타고라스학파 · 42

 **사회, 경제에서 수학을 찾아라!** · 44

**혼합 계산** 알맞은 물건 값 지불하기 · 46

**올림, 버림, 반올림** 추석맞이 장보기 · 50

**백분율** 주가 지수 분석하기 · 54

**이자율** 저축 이자 계산하기 · 58

**비례** 석유의 가격과 환율, 경제 성장률의 관계 · 62

**그래프** 휘발유에 포함된 여러 가지 세금 · 66

**평균** 전 국민 대선 투표율 · 70

**함수** 자동판매기의 원리 · 74

**단위 변환** 우리 집의 넓이 구하기 · 78

**천재 소년 가우스의 깜짝 계산법** · 82

## 3 스포츠에서 수학을 찾아라! · 84

**경우의 수** 리그전과 토너먼트의 경기 수 · 86

**할푼리와 비례식** 야구 시합 타선 정하기 · 90

**속력** 자동차 경주 · 94

**입체도형** 야구공과 골프공 모양 분석하기 · 98

**평행과 평행선** 수학을 이용한 당구 게임 · 102

**삼각형의 매력에 빠진 파스칼** · 106

## 4 건축, 미술에서 수학을 찾아라! · 108

**곡선** 창덕궁의 기와지붕 · 110

**점, 선, 면** 점을 모아 그린 그림 · 114

**한붓그리기** 쾨니히스베르크의 다리 건너기 · 118

**통분** 디오판토스가 묘비에 남긴 수수께끼 · 122

**황금비** 파르테논 신전의 황금비 · 126

**나일 강의 홍수가 탄생시킨 기하학** · 130

## 자연에서 수학을 찾아라! · 132

**정수** 한겨울 기온 예상하기 · 134

**평면도형** 벌집의 모양이 육각형인 이유 · 138

**입체도형의 넓이** 숯의 비밀 · 142

**비율** 소금물 농도 구하기 · 146

**아르키메데스의 묘비에 새겨진 도형의 비밀** · 150

사진 출처 · 152
찾아보기 · 152

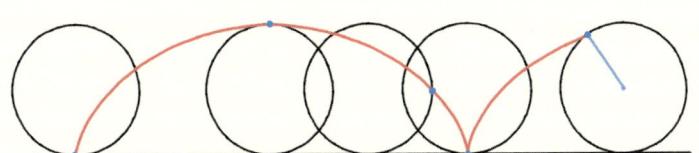

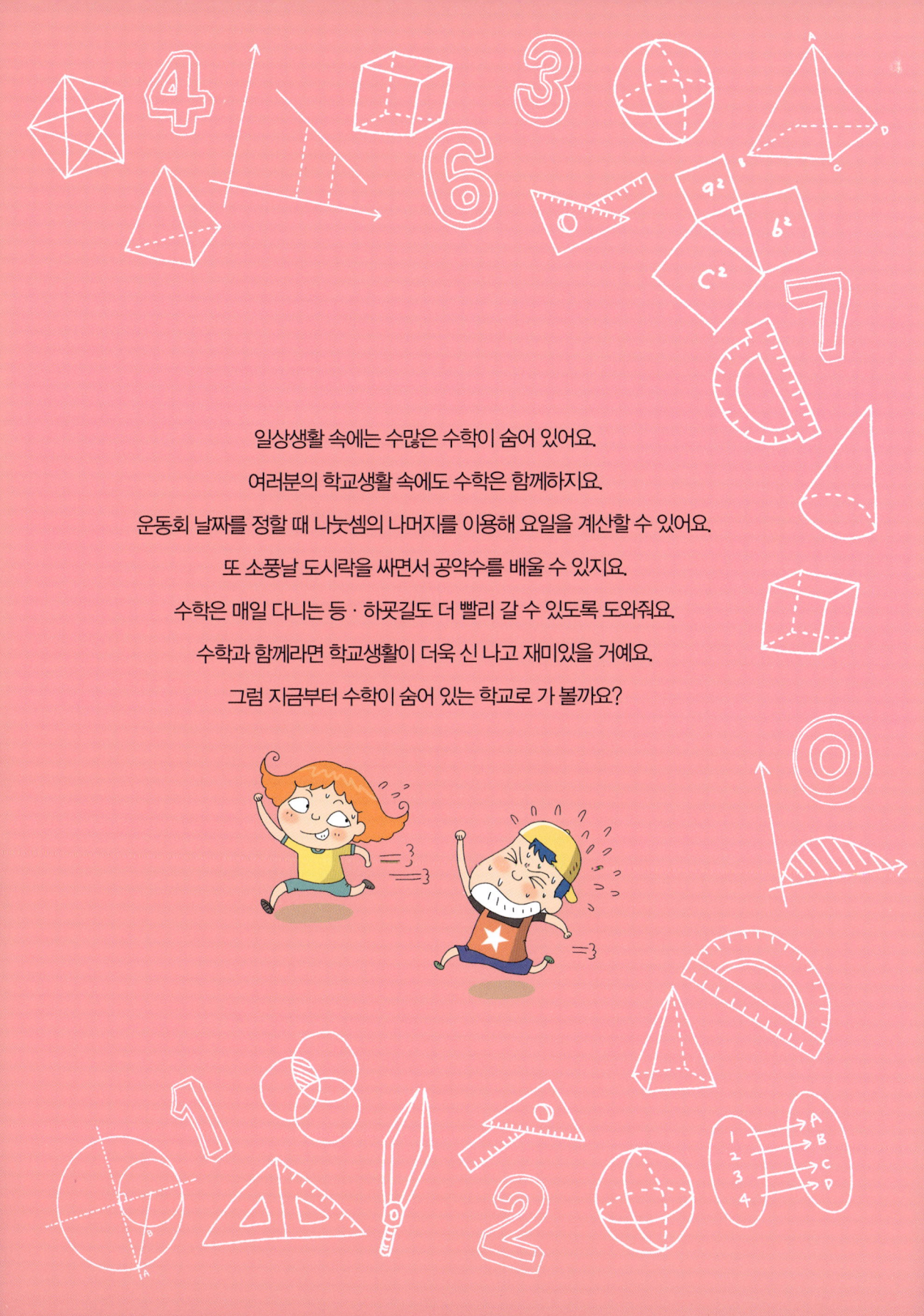

일상생활 속에는 수많은 수학이 숨어 있어요.
여러분의 학교생활 속에도 수학은 함께하지요.
운동회 날짜를 정할 때 나눗셈의 나머지를 이용해 요일을 계산할 수 있어요.
또 소풍날 도시락을 싸면서 공약수를 배울 수 있지요.
수학은 매일 다니는 등·하굣길도 더 빨리 갈 수 있도록 도와줘요.
수학과 함께라면 학교생활이 더욱 신 나고 재미있을 거예요.
그럼 지금부터 수학이 숨어 있는 학교로 가 볼까요?

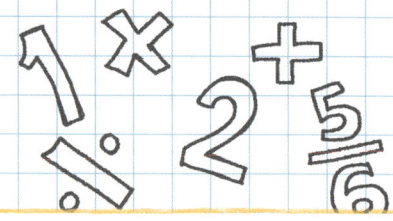

# 소풍 도시락 싸기

지난 금요일, 가나초등학교 5학년 어린이들은 서울 여의도 공원으로 봄 소풍을 갔습니다. 어린이들은 벚꽃이 핀 거리를 걸으며 봄을 만끽했습니다.

가나초등학교에서는 이번 봄 소풍을 맞아 이색 대회를 열어 화제가 되었습니다. 가로 16cm, 세로 24cm, 높이 4cm의 직육면체 도시락에 정육면체 모양의 샌드위치를 가장 큰 크기로, 가장 많이 넣는 사람에게 상을 주는 대회였습니다.

어린이들은 여러 가지 방법으로 도시락을 채웠지만 승리는 3반의 정수빈 군에게 돌아갔습니다.

도시락에 가로 4cm, 세로 4cm, 높이 4cm의 샌드위치를 빈 틈 없이 채운 정수빈 군은 수학 시간에 배운 원리를 이용하면 아주 쉽다며 자랑스럽게 상을 받았습니다.

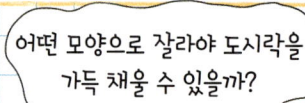

어떤 모양으로 잘라야 도시락을 가득 채울 수 있을까?

봄 소풍은 누구나 기다리는 즐거운 행사예요. 게다가 도시락 싸기 대회까지 했다니, 가나초등학교 5학년 어린이들은 무척 재미있는 하루를 보냈겠네요.

도시락 싸기 대회에서 1등을 한 수빈이가 이용한 수학 원리는 바로 '공약수'예요. 공약수는 둘 이상의 자연수를 동시에 나머지 없이 나눌 수 있는 수를 말해요.

그럼 공약수가 도시락을 싸는 데 어떻게 이용되었는지 알아볼까요?

가로 16cm, 세로 24cm, 높이 4cm의 도시락을 그리면 다음과 같습니다. 이 도시락에 정육면체 모양의 샌드위치를 가장 큰 크기로, 가장 많이 넣는 것이 이번 대회의 과제예요.

그럼 우선 샌드위치의 크기를 정해야겠네요. 먼저 도시락의 가로인 16cm에 맞는 샌드위치를 생각해 봅시다.

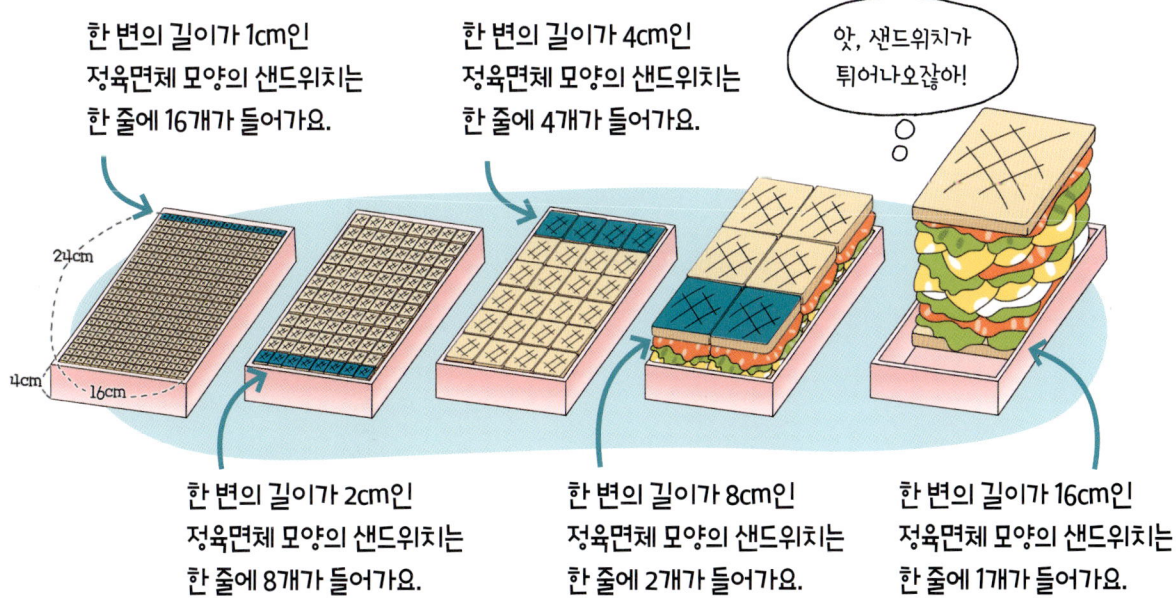

한 변의 길이가 1cm, 2cm, 4cm, 8cm, 16cm의 샌드위치는 도시락의 가로에 딱 맞게 넣을 수 있지만, 그 외의 샌드위치는 도시락에 빈 공간이 생기므로 적절하지 않아요. 이것을 수학과 연결시켜서 생각해 보면 16은 1, 2, 4, 8, 16으로 나누었을 때 나머지가 없이 나누어져요. 이렇게 어떤 수를 나누어 나머지 없이 나누어떨어지는 수를 '약수'라고 해요.

그럼 위와 같은 방법으로 도시락의 세로와 높이의 약수도 찾아봐요.

도시락의 세로는 24cm이고, 24의 약수는 1, 2, 3, 4, 6, 8, 12, 24예요. 높이는 4cm이고, 4의 약수를 구하면 1, 2, 4가 되지요.

24의 약수: ①, ②, 3, ④, 6, 8, 12, 24
16의 약수: ①, ②, ④, 8, 16
4의 약수: ①, ②, ④

가로, 세로, 높이의 약수를 비교해 보면 1, 2, 4가 공통으로 들어 있어요. 그러므로 한 변의 길이가 1cm나 2cm, 4cm인 정육면체 모양의 샌드위치를 만들면 도시락을 꽉 채울 수 있지요.

주어진 과제는 도시락에 가장 큰 크기의 샌드위치를 넣는 것이므로 셋 중 가장 큰 4cm의 정육면체 모양의 샌드위치를 만들면 돼요.

이때 세 수의 공통된 약수인 1, 2, 4를 공약수, 그 중 가장 큰 수인 4를 '최대공약수'라고 해요. 최대공약수는 공통된 약수(공약수) 중 가장 큰 수를 뜻해요. 1은 모든 수의 약수이므로 모든 수들의 공약수가 되지요.

앞에서 알아본 것처럼 하나하나의 약수를 찾은 후, 최대공약수를 찾을 수도 있지만 세 수를 한꺼번에 나누는 기법을 쓰면 더욱 쉽게 최대공약수를 찾을 수 있어요. 이때는 가장 작은 소수부터 나누기 시작하면 좋아요. 소수는 1과 자기 자신 외의 약수를 가지지 않는 1보다 큰 자연수예요. 예를 들면 $2=1\times2$, $3=1\times3$, $5=1\times5$, $7=1\times7$, $11=1\times11$… 등이 있지요.

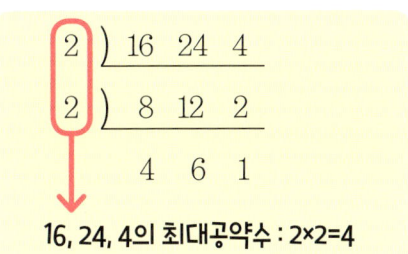

수빈이는 이렇게 수학의 원리를 이용하여 효율적으로 도시락을 쌀 수 있었어요. 약수와 공약수를 이용하면 한정된 공간에 효율적으로 물건을 넣을 수 있답니다.

**알고 가자 수학 개념**

**약수**
어떤 수를 나누어 나머지 없이 나누어떨어지는 수
예) 10의 약수 : 1, 2, 5, 10

**공약수**
둘 이상의 자연수를 동시에 나머지 없이 나눌 수 있는 수(공통인 약수)
예) 16의 약수 : 1, 2, 4, 8, 16
　　 8의 약수 : 1, 2, 4, 8
　　 16과 8의 공약수 : 1, 2, 4, 8

**최대공약수**
둘 이상의 자연수를 동시에 나머지 없이 나눌 수 있는 수 중 가장 큰 수
(공약수 중 가장 큰 수)
예) 16과 8의 최대공약수 : 8

**소수**
1과 자기 자신 외의 약수를 가지지 않는 1보다 큰 자연수
예) $2=1\times2$, $3=1\times3$, $5=1\times5$, $7=1\times7$, $11=1\times11$…

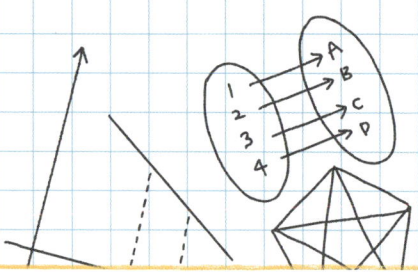

# 사다리 타기로 계주 순서 정하기

5월 5일에 열리는 어린이 육상 대회에 참가할 가나초등학교의 대표 선수들이 선발되었습니다.

가나초등학교의 육상부를 맡고 있는 김승남 코치는 "선수들의 컨디션이 좋습니다. 그런데 400m 계주 선수들이 모두 4번 주자로 뛰고 싶어 해서 걱정입니다. 4명의 선수들이 모두 뛰어난 기록을 가지고 있어요. 아마도 제비뽑기로 순서를 정해야 할 것 같습니다." 라며 우승에 대한 강한 자신감을 보였습니다.

김승남 코치는 결국 사다리 타기로 선수들이 달리는 순서를 정하기로 했습니다.

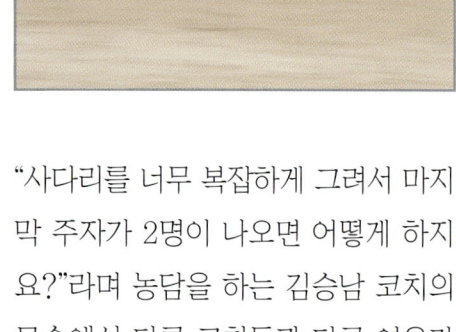

"사다리를 너무 복잡하게 그려서 마지막 주자가 2명이 나오면 어떻게 하지요?"라며 농담을 하는 김승남 코치의 모습에서 다른 코치들과 다른 여유가 보였습니다.

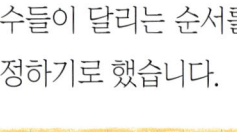

네 사람이 이어서 달리는 400m 계주에서는 마지막으로 달리는 선수가 가장 중요해요. 그래서 누구에게 4번 주자를 맡길지 코치의 현명한 선택이 필요하지요. 물론 네 주자의 실력 차이가 눈에 띄게 크다면 제일 잘 달리는 선수에게 4번 주자를 시킬 거예요. 하지만 김승남 코치님의 말에 따르면 모두의 실력이 뛰어나고 컨디션도 좋아 결정을 하기가 어렵다고 해요.

이렇게 결정하기 어려운 일이 생겼을 때, 사람들은 '사다리 타기' 게임을 이용하기도 해요.

그런데 혹시 사다리 타기가 한 사람에게만 이익이 돌아가는 불공정한 게임은 아닐까요? 어떤 사람은 두 가지 선택을 할 수 있고, 어떤 사람은 아무것도 선택할 수 없는 경우가 생기지는 않을까요? 김승남 코치님이 농담으로 한 마지막 주자가 2명이 나오면 어떻게 하느냐는 걱정처럼 말이에요.

그러나 사다리 타기 게임을 분석해 보면 절대 그런 일은 일어나지 않는다는 사실을 알 수 있어요.

그럼 이제부터 사다리 타기를 통해 달리는 순서를 정하는 과정을 살펴볼까요?

다음과 같은 사다리 타기 그림이 있어요. 세로 선을 네 개 그리고 그 위에 네 명의 주자인 학이, 철호, 유진, 수아를 표시해요.

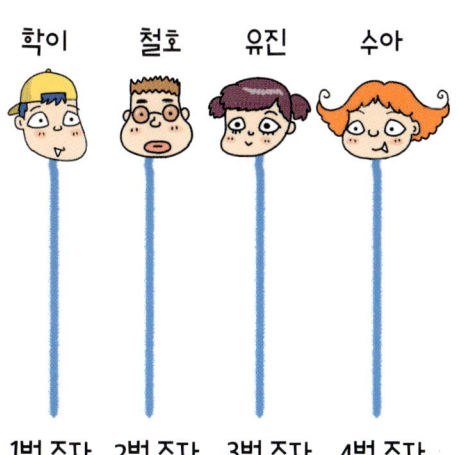

그리고 아래에는 1번 주자, 2번 주자, 3번 주자, 4번 주자와 같이 결정해야 할 사항들을 적어요. 이제 사다리의 칸을 만들어 누가 몇 번 주자가 될지 정하기로 해요.

앞의 그림처럼 아무 칸도 그리지 않은 경우, 네 사람은 각자 아래에 있는 번호를 선택하게 돼요.

그런데 1번 선을 하나 그리면 학이와 철호의 순서가 바뀌어요. 그리고 2번 선을 그리면 유진이와 수아의 순서가 바뀌게 되지요. 또 3번 선을 그리면 수아와 학이의 순서가 바뀌게 된답니다.

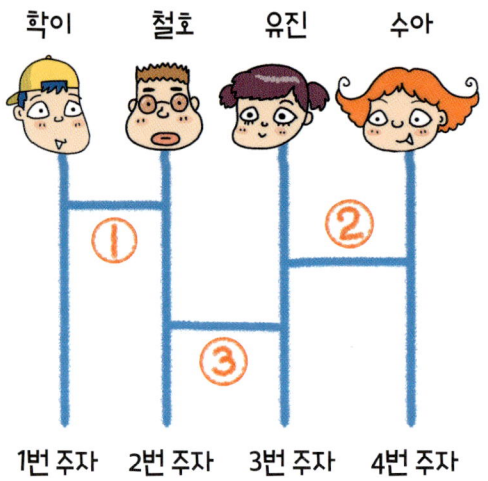

이렇게 선을 복잡하게 계속 그려도 서로의 순서만 계속해서 바뀔 뿐, 어느 한 명이 두 개의 선택을 하게 되거나 선택을 할 수 없게 되는 것은 아니에요. 하나가 또 다른 하나에 하나씩 대응되는 것이지요. 이러한 사실을 수학에서는 '일대일 대응'이라고 한답니다.

**일대일 대응**
하나가 또 다른 하나에 하나씩 대응되는 것

나눗셈과 나머지

# 내년 9월 14일은 무슨 요일일까?

많은 학교에서 가을을 맞아 운동회를 개최하고 있습니다. 가나초등학교도 예외는 아닙니다.

가나초등학교는 매년 9월 14일을 운동회 날로 정하고 있습니다. 작년 9월 14일은 금요일이어서 많은 학생들과 학부형들이 편하게 운동회를 즐겼다고 합니다.

하지만 올해 9월 14일은 토요일로, 학부모회에서는 하루 전인 금요일에 운동회를 개최하자고 건의했습니다.

학교 측에서는 그들의 의견을 적극 반영하여 9월 13일 금요일에 운동회를 하기로 결정하고, 안전한 운동회를 만들기 위해 준비를 하고 있습니다.

그렇다면 내년은 어떨까요? 가나초등학교는 내년 9월 14일에 날짜의 변동 없이 운동회를 개최할 수 있을까요?

내년 9월 14일은 무슨 요일일까?

운동회 날은 소풍날과 함께 많은 친구들이 손꼽아 기다리는 날이에요. 교실 수업에서 벗어나 부모님, 친구들과 함께 운동장에서 맘껏 뛰어놀 수 있는 날이기 때문이지요.

아무리 즐겁고 신 나는 운동회 날이지만 휴일과 겹쳐지면 많은 사람들의 불만이 생기기도 해요. 특히 평일에 일을 하는 부모님들은 재충전의 시간을 갖지 못해 무척이나 피곤하겠지요? 그래서 가나초등학교의 학부모회는 하루 전인 금요일에 운동회를 개최하자고 건의한 거예요.

그럼 내년 9월 14일은 무슨 요일일까요? 또 휴일과 겹치게 되면 날짜를 조율하는 것이 필요하기 때문에 미리 알아두는 것이 좋아요. 내년도 달력을 쉽게 구할 수 있다면 좋겠지만 달력이 없어도 내년 9월 14일이 무슨 요일인지 알 수 있는 방법이 있어요. 바로 수학을 이용하는 것이지요.

수학을 이용하여 내년 9월 14일을 예상해 보면 일요일이에요. 어떻게 알 수 있을까요?

오늘이 토요일이라고 가정하면, 7일 후 역시 토요일이에요. 14일 후도 토요일, 21일 후도 토요일, 28일 후도 토요일이 되지요. 이렇게 계속 계산을 해 보면 70일 후도 토요일이 된답니다. 즉, 7의 배수만큼의 날 후는 전부 토요일이 돼요. 왜냐하면 같은 요일은 7일마다 반복되기 때문이에요.

1년은 365일이에요. 365일을 7일씩 묶으면 52주+1일이지요.

$$365 = (7 \times 52) + 1$$
$$= 364 + 1$$

따라서 오늘이 월요일이면 내년의 오늘은 화요일이 되고, 오늘이 토요일이면 내년의 오늘은 일요일이 돼요. 쉽게 말해 매년 하루 후인 요일이 된다고 할 수 있어요.

그런데 4년에 한 번씩 돌아오는 윤년에는 요일을 계산하는 법이 달라져요. 2월의 날수가 28일에서 29일이 되어 1년이 366일이 되기 때문이에요. 이때는 366을 7로 나눈 후, '나머지'만큼의 날수를 계산해요. 나머지란 어떤 수를 나누었을 때 나누어떨어지지 않고 남는 수를 뜻해요.

$$366 \div 7 = 52 \cdots 2$$ → 나머지

하지만 이를 통해 요일을 계산할 때는 주의가 필요해요. 평년에서 윤년이 되는 건지, 윤년에서 평년이 되는 건지에 따라서 요일 계산이 달라지기 때문이에요. 예를 들어 평년인 2015년 3월 1일은 일요일이고, 윤년인 2016년 3월 1일은 화요일이에요. 또 윤년인 2016년 2월 28일은 일요일이고, 다시 평년이 되는 2017년 2월 28일은 화요일이 돼요. 이틀 후의 요일이 된 것이지요.

하지만 윤년인 2016년 3월 1일은 화요일, 평년인 2017년 3월 1일은 수요일로 또 다시 하루 후인 요일이 돼요. 이처럼 기준이 되는 날 또한 요일을 계산하는 데 중요하답니다.

**알고 가자 수학 개념**

**나머지**
어떤 수를 나누었을 때 나누어 떨어지지 않고 남은 수
예 $35 \div 3 = 11 \cdots 2$ → 나머지

배수

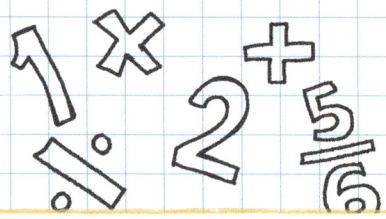

# 구슬 가져가기 게임의 승리 비결

가나초등학교에서 열린 '구슬 가져가기 게임 대회'에서 이수아 양이 우승을 차지하였습니다.

게임의 규칙은 두 사람이 상자에 담긴 구슬을 번갈아 가며 최대 4개까지 꺼낼 수 있으며, 마지막에 남은 구슬을 가져가는 사람이 이기는 것입니다.

이수아 양은 30번의 경기에서 30번을 모두 이기는 진기록을 세웠습니다. 이수아 양은 우승이 확정된 후에 가진 인터뷰에서 "게임을 잘하는 특별한 비결은 없습니다. 단지 간단한 수학 개념을 이용했을 뿐이에요. 바로 배수의 개념입니다. 다른 친구들은 이 방법을 쓰지 않았기 때문에 제가 우승을 할 수 있었습니다."라고 소감을 전했습니다.

이걸로 나의 승리다!

과연 수아가 사용한 배수의 개념은 무엇일까요?

잘 생각해 보면 이 게임은 가위바위보에서 이겨서 먼저 게임을 시작하는 사람이 무조건 이길 수 있는 게임이랍니다.

어떻게 그렇게 쉽게 이길 수 있냐고요?

처음에 시작하는 사람이 '(최대한 가져갈 수 있는 구슬의 수)+1'의 배수만큼의 구슬을 주머니에 남겨 두면 돼요. 배수는 어떤 수를 1배, 2배, 3배… 한 수를 말해요.

수아와 학이가 '구슬 가져가기 게임'을 한다고 가정해 봅시다.

22개의 구슬 중에 최대 4개까지 가져갈 수 있다는 규칙이 있어요. 이때 (최대한 가져갈 수 있는 구슬의 수)+1은 4+1=5로, 5의 배수만큼의 구슬을 주머니에 남기면 돼요.

수아는 순서를 정하기 위한 가위바위보에서 학이를 이기고 주머니에 손을 넣어 2개의 구슬을 꺼냈어요. 그리고 5의 배수인 20개의 구슬을 주머니에 남겨 두었지요.

차례가 돌아온 학이는 구슬을 1개, 2개, 3개, 4개 중 어느 한 가지 방법으로 가져갈 거예요. 그 후부터 수아는 학이가 가져간 구슬의 수와 더해 5가 되도록 가져가면 돼요.

> 학이가 1개를 가져가면 수아는 4개를 가져간다.
> 학이가 2개를 가져가면 수아는 3개를 가져간다.
> 학이가 3개를 가져가면 수아는 2개를 가져간다.
> 학이가 4개를 가져가면 수아는 1개를 가져간다.

# 구슬 가져가기 게임

1. 구슬 22개를 준비합니다.

2. 가위바위보를 하여 순서를 정합니다.

3. 먼저 경기를 하는 수아가 5의 배수가 남도록 구슬 2개를 가져갑니다.

4. 학이가 1개를 가져가면 수아가 4개를 가져갑니다. 학이가 2개를 가져가면 수아가 3개를 가져갑니다. 학이가 3개를 가져가면 수아가 2개를 가져갑니다. 이렇게 수아와 학이가 가져간 개수의 합이 5가 되도록 합니다.

5. 이런 배수의 규칙을 알면 항상 처음 시작한 사람이 마지막 구슬을 차지하게 됩니다.

계속 게임이 진행되면 마지막에는 5개의 구슬이 남고 학이의 차례가 돌아와요. 학이는 최대 4개까지만 구슬을 가져갈 수 있기 때문에 수아가 마지막 남은 구슬을 갖게 되는 것이지요.

23개의 구슬로 새로운 게임을 시작한다면 어떨까요?

먼저 시작하는 사람이 구슬 3개를 가져가서 주머니 안의 구슬의 수를 20개로 만들어 놓으면 항상 이기게 되지요.

게임의 조건이 바뀌어 가져갈 수 있는 최대 구슬의 수가 2개라고 가정해 봅시다. 그리고 25개의 구슬로 게임을 시작한다고 하면, 처음 게임을 시작하는 사람은 몇 개의 구슬을 가져가야 할까요?

> 2(가져갈 수 있는 최대 구슬의 수)+1=3
> 3의 배수 : 3, 6, 9, 12, 15, 18, 21, 24, 27, 30…

25에 가까운 3의 배수는 24예요. 그러므로 처음 게임을 하는 사람이 1개만 가져가면 게임에서 이기게 되지요. 이것이 바로 수아가 대회에서 1등을 차지할 수 있었던 배수의 개념을 이용한 방법이랍니다.

구구단을 외우면 쉽게 배수를 구할 수 있어!

**알고 가자 수학 개념**

**배수**
어떤 수를 1배, 2배, 3배…한 수를 어떤 수의 배수라고 한다.
예) 2×1=2, 2×2=4, 2×3=6…
이때, 2, 4, 6…을 2의 배수라고 한다.

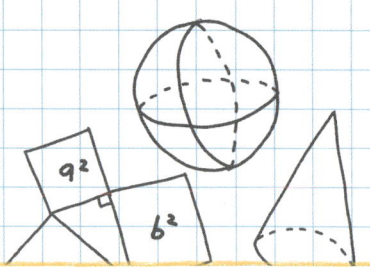

# 가장 가까운 등·하굣길 찾기

가나초등학교 학생들이 가장 많이 사는 동네에 새로운 공원이 생겼습니다. 그동안 큰길로 등·하교를 하던 많은 어린이들이 공원을 통하는 길로 등·하굣길을 바꾸고 있습니다.

맑은 공기도 마실 수 있고 아름다운 새들의 노랫소리도 들을 수 있다고 공원 길을 이용하는 어린이들이 이야기합니다. 또한 집에서 학교를 가거나 학교에서 집에 가는 시간도 큰길을 이용할 때보다 더 줄었다며 공원이 생긴 것을 반기고 있습니다.

하지만 계속하여 큰길을 통해 등·하교를 하는 어린이들도 있습니다. 이들은 큰길을 통해 학교까지 가는 것이 거리상 더 가까워 계속 이 길을 이용하고 있다고 합니다.

양쪽 길로 통학을 하는 어린이들 모두 서로 자신이 다니는 길이 학교와 더 가깝다고 하는데, 과연 어떤 쪽의 이야기가 맞는 것일까요?

맑은 공기를 마실 수 있고 아름다운 새소리가 들리는 새로운 등·하굣길이 생겼다니 가나초등학교 학생들은 정말 좋겠어요. 이 길을 통해서 친구들과 함께 등교를 한다면 상쾌하게 하루를 시작할 수 있겠네요.

하지만 원래의 등·하굣길이었던 큰길을 이용하는 어린이들과 새 공원 길을 이용하는 어린이들의 이야기가 달라요. 서로 자신들이 다니는 길이 학교와 더 가깝다고 이야기를 하고 있어요. 과연 누구의 말이 맞는 걸까요?

이 문제에 대한 답을 구하기 위해서는 지도를 살펴보는 것이 좋아요. 학이와 수아는 공원을 만든 분에게 부탁하여 공원 지도를 구했어요.

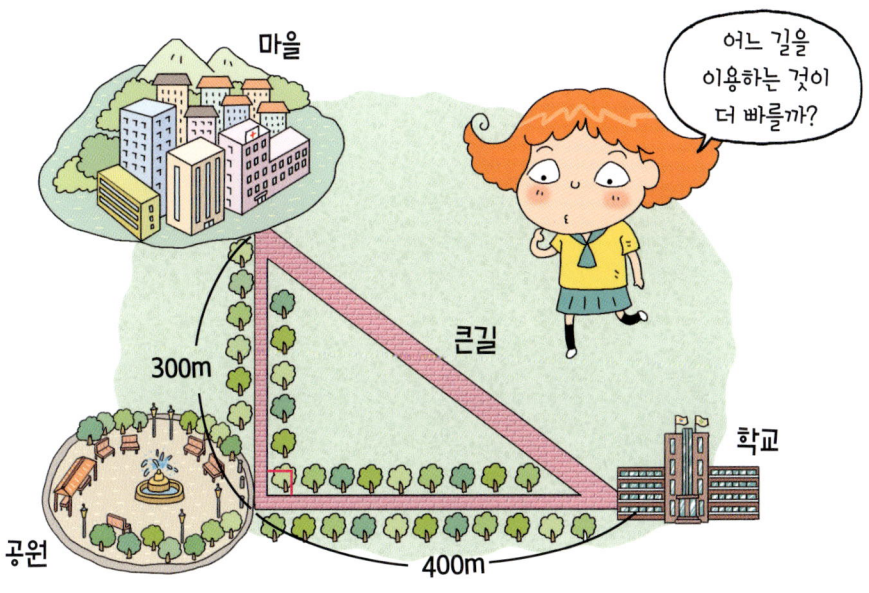

위의 지도에는 공원 길의 거리가 표시되어 있어요. 그리고 공원 길이 직각으로 꺾여 있는 것을 알 수 있답니다. 하지만 큰길의 거리는 알 수 없지요?

큰길의 거리는 '피타고라스의 정리'를 이용하여 구할 수 있어요.

피타고라스의 정리란 직각 삼각형의 높이의 제곱과 밑변 길이의 제곱의 합은 빗변 길이의 제곱과 같다는 것이지요. 그리스의 수학자 피타고라스의 업적이에요. 이 정리를 이용하면 직각 삼각형의 두 변의 길이만 알아도 다른 한 변의 길이를 알 수 있어요.

다음 그림을 보면 보다 쉽게 피타고라스의 정리를 이해할 수 있어요.

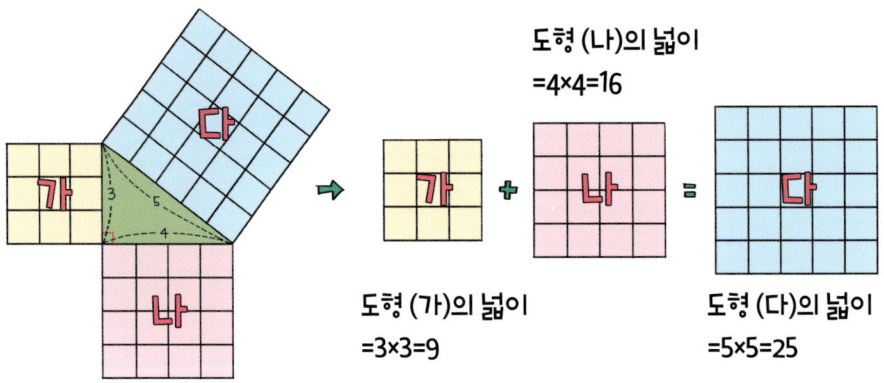

직각 삼각형의 높이를 한 변으로 가지는 정사각형의 넓이와 밑변을 한 변으로 가지는 정사각형의 넓이의 합은 빗변을 한 변으로 가지는 정사각형의 넓이와 같아요.

이를 식으로 표현하면 다음과 같습니다.

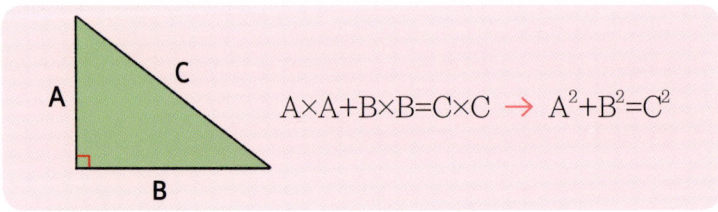

$A \times A + B \times B = C \times C \rightarrow A^2 + B^2 = C^2$

그럼 피타고라스의 정리를 이용하여 큰길의 거리를 구해 볼까요?

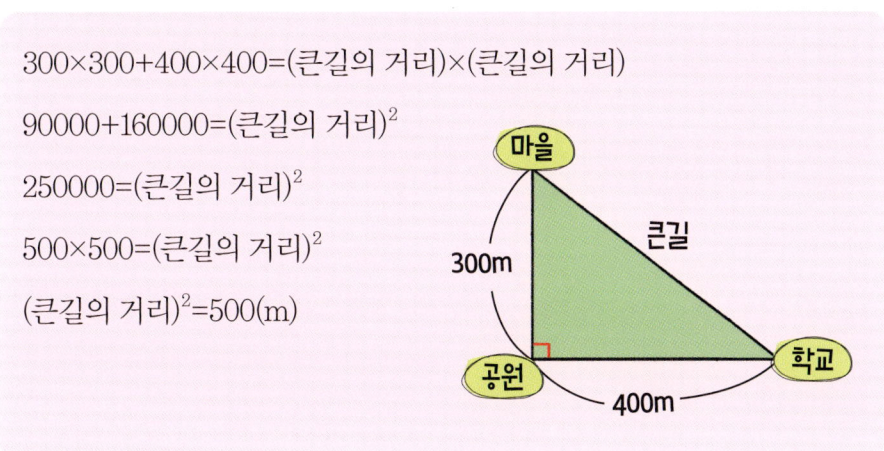

$300 \times 300 + 400 \times 400 = (큰길의 거리) \times (큰길의 거리)$

$90000 + 160000 = (큰길의 거리)^2$

$250000 = (큰길의 거리)^2$

$500 \times 500 = (큰길의 거리)^2$

$(큰길의 거리)^2 = 500(m)$

피타고라스의 정리를 통해 구한 큰길의 거리는 500m예요.

그럼 공원 길의 전체 거리는 얼마일까요? 공원 길 전체 거리는 두 공원 길의 거리를 더하여 아주 쉽게 구할 수 있어요.

(공원 길의 거리) = 300 + 400 = 700m

공원 길 거리의 총합은 700m네요. 그럼 두 거리를 비교해 볼까요?

500m(큰길의 거리) < 700m(공원 길의 거리)

이제 등·하굣길 거리에 대한 명쾌한 답이 나왔어요. 일찍 집을 나와 여유롭게 등교를 하고 싶은 어린이들은 공원 길로, 늦잠을 자서 서둘러 학교를 가야 하는 어린이들은 큰길을 이용하면 되겠네요.

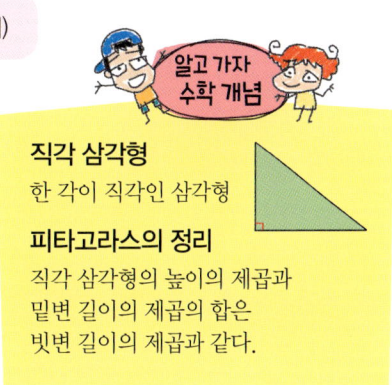

**알고 가자 수학 개념**

**직각 삼각형**
한 각이 직각인 삼각형

**피타고라스의 정리**
직각 삼각형의 높이의 제곱과 밑변 길이의 제곱의 합은 빗변 길이의 제곱과 같다.

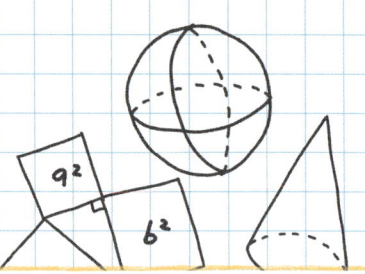

# 운동장 개발 예산 세우기

교육청에 따르면 새로 생긴 초등학교 운동장의 넓이는 전체 학교 평균 넓이의 절반도 안 된다고 합니다. 이들 신설 학교들은 졸업식이나 입학식 등의 주요 행사도 운동장에서 할 수 없습니다. 운동장이 좁아 학생들과 학부모들이 운동장에 모일 수 없기 때문입니다. 그래서 가나초등학교는 운동장을 넓히기 위해 운동장 개발 예산안을 세우고 있다고 합니다. 운동장 개발의 첫 번째 사항은 우레탄을 이용한 트랙 깔기입니다. 우레탄을 이용하여 트랙을 깔면 바닥이 푹신하므로 발목과 무릎 관절을 보호해 주어 육상 경기를 하는 데 적합하다고 합니다.

두 번째 사항은 트랙 가운데 잔디를 깔아서 어린이들이 잔디 위를 맘껏 뛰어 놀 수 있도록 할 예정입니다.

예산은 운동장의 넓이에 따라 달라집니다. 가나초등학교 운동장 개발에 얼마의 예산이 필요할지 교육청 관계자들의 이목이 집중되고 있습니다.

가나초등학교에서는 학생들에게 좀 더 나은 환경을 만들어 주기 위해 운동장을 개발하기로 하였어요. 모든 학생들과 학부모들이 운동장에 모여 입학식과 졸업식 등 다양한 행사를 진행하고, 푸른 잔디 위에서 축구까지 한다면 학교생활이 더욱 재미있겠지요?

다음은 가나초등학교의 운동장 개발 설계도입니다. 우레탄을 이용하여 트랙을 깔고 그 가운데 잔디를 심을 예정이에요.

운동장에 트랙과 잔디를 깔기 위해서는 무엇보다 정확하게 운동장의 넓이와 트랙의 길이를 알아야 해요. 가나초등학교의 경우 잔디를 깔아야 하는 트랙 안쪽의 넓이를 어떻게 구할 수 있을까요?

잔디를 깔아야 하는 운동장의 넓이를 구하는 것은 아주 간단해요. 아래 그림을 살펴보면 잔디의 넓이는 ①+②+③이라는 것을 알 수 있어요. 특히 ①, ③은 같은 크기의 반원이지요. 두 반원을 합하면 하나의 원이 되므로 반지름의 길이가 15m인 원의 넓이를 구해요. 그리고 직사각형 ②의 넓이를 더하면 잔디를 심어야 하는 부분의 넓이를 구할 수 있어요.

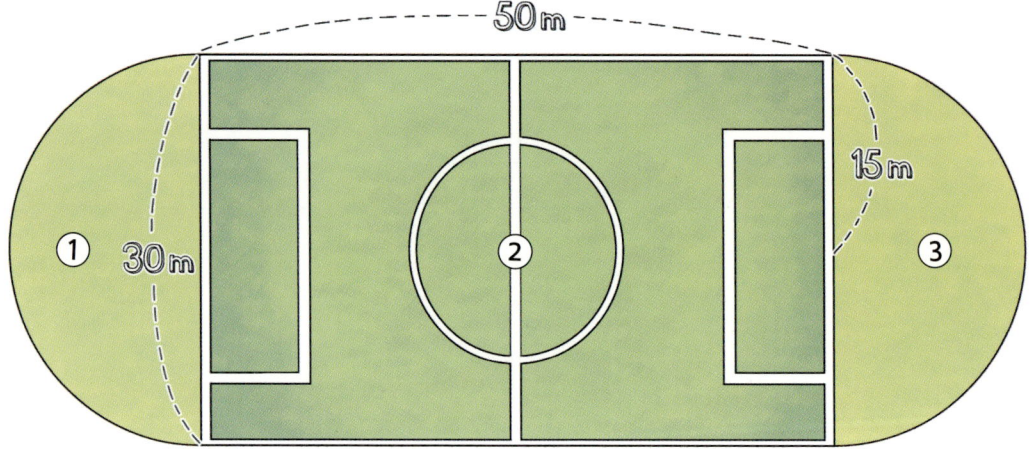

원의 넓이①+③=15×15×3.14=706.5(m²)
직사각형의 넓이②=50×(15+15)=1500(m²)
잔디 넓이①+③+②=706.5+1500=2206.5(m²)

자, 이번에는 가나초등학교 운동장을 더 멋지게 만들기 위해 트랙을 깔아야 할 부분의 넓이를 구해 볼까요?

트랙의 넓이는 운동장 전체의 넓이를 구한 후에 앞에서 구한 인조 잔디가 깔릴 운동장의 넓이를 빼 주면 돼요.

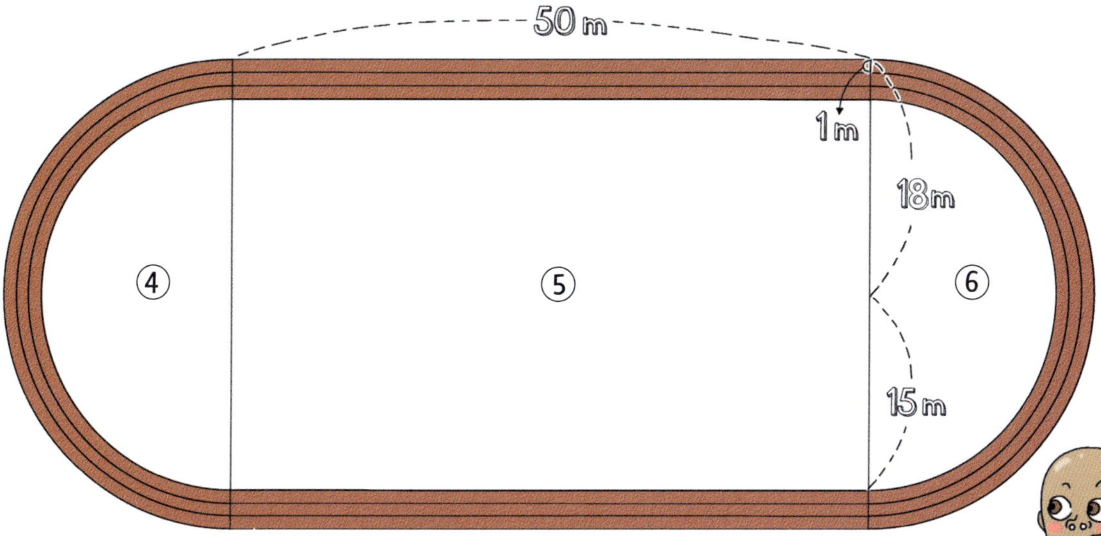

트랙을 포함한 원의 넓이④+⑥=18×18×3.14=1017.36(m²)
트랙을 포함한 직사각형의 넓이⑤=50×(18+18)=1800(m²)
잔디 넓이①+③+②=2206.5(m²)
우레탄 트랙의 넓이=(④+⑥+⑤)−(①+③+②)
=(1017.36+1800)−2206.5=610.86(m²)

잔디의 넓이와 우레탄 트랙의 넓이를 모두 구했어요.

이제 가나초등학교는 푸른 잔디가 깔리고 우레탄 트랙이 만들어진 훌륭한 운동장을 완성하기 위한 예산을 교육청에 제출할 수 있겠네요.

**원주율**
원의 지름에 대한 원주(원의 둘레의 길이)의 비
(원주율=3.141592… 이를 소수점 셋째 자리에서 반올림하여 3.14로 나타냄)

**원의 넓이**
(원의 넓이)=(반지름)×(반지름)×3.14

**직사각형의 넓이**
(직사각형의 넓이)=(가로)×(세로)

좌표

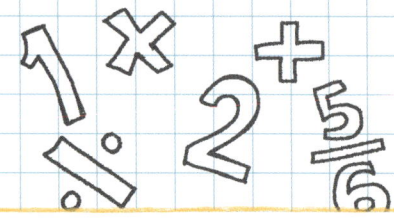

# 수학으로 작동하는 컴퓨터

컴퓨터를 사용할 때 없어서는 안되는 도구가 마우스입니다. 우리는 마우스의 버튼을 눌러 프로그램을 실행시킬 수 있고, 원하는 곳으로 마우스를 움직여 작업 내용을 바꿀 수도 있습니다.

우리가 마우스를 움직일 때마다 컴퓨터는 내부에서 많은 수학 계산을 합니다. 마우스의 움직임이 좌표 계산을 기초로 하기 때문입니다.

컴퓨터 설계자들은 모니터의 화면을 좌표 평면으로 생각하여 마우스의 움직임을 인식하는 프로그램을 만들었습니다.

이렇듯 컴퓨터를 구성하는 많은 하드웨어와 소프트웨어는 수학을 기초로

만들어졌습니다. 창의적인 아이디어와 수학은 더욱 편리하고 기발한 컴퓨터를 만드는 데 꼭 필요한 부분입니다. 미래 사회는 컴퓨터 공학과 수학의 결합이 더욱 필요한 시대가 될 것입니다.

컴퓨터의 성능은 날이 갈수록 좋아지고 있어요. 컴퓨터에 사용되는 각종 소프트웨어도 점점 사용하기 쉬워지고 있지요. 이렇게 컴퓨터를 편리하게 사용할 수 있게 된 데는 마우스의 역할이 커요.

컴퓨터에 마우스가 없던 시절에는 키보드로 명령어를 쳐서 프로그램을 실행했어요. 지금은 모든 프로그램에 다 마우스가 사용되지요.

만약 마우스가 발명되지 않았다면 지금까지도 컴퓨터는 일부의 사람들만 사용하는 어려운 기계로 여겨졌을 거예요.

그럼 수학이 마우스의 작동에 어떤 역할을 하는지 알아볼까요?

아래의 그림을 보면 컴퓨터의 화면에 주황색 사각형이 있어요.

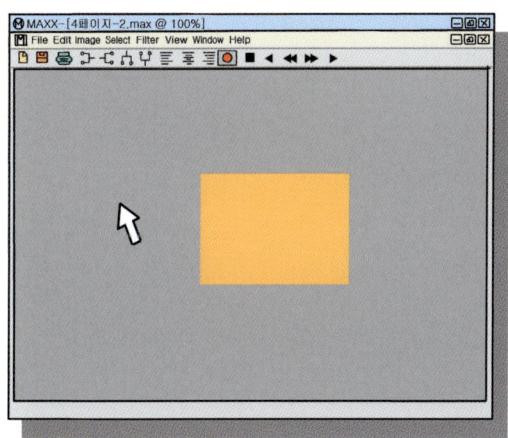 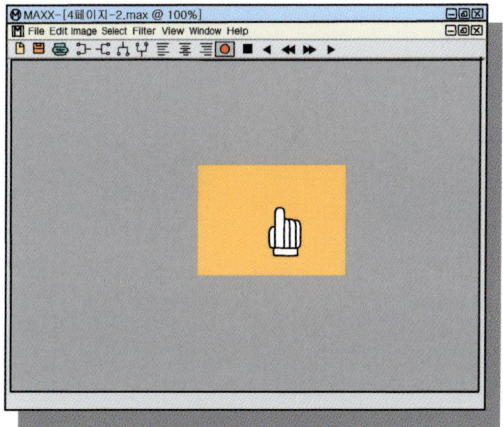

마우스를 주황색 사각형 위로 가져가면 마우스의 화살표가 손가락 모양으로 바뀌어요. 컴퓨터는 어떻게 알고 이렇게 그림을 변화시키는 것일까요? 정확하게 말하면 컴퓨터 프로그래머들은 어떤 방법으로 이렇게 작동하도록 프로그램을 만든 것일까요?

정답은 바로 수학의 좌표 계산에 있어요. 먼저 컴퓨터 화면의 크기를 정해요. 아래 그림에서는 화면의 크기를 오른쪽으로 500, 아래쪽으로 400까지 정했어요. 그리고 화면의 왼쪽 위를 원점으로 하여 오른쪽 방향을 $x$축, 아래쪽 방향을 $y$축으로 가정해요.

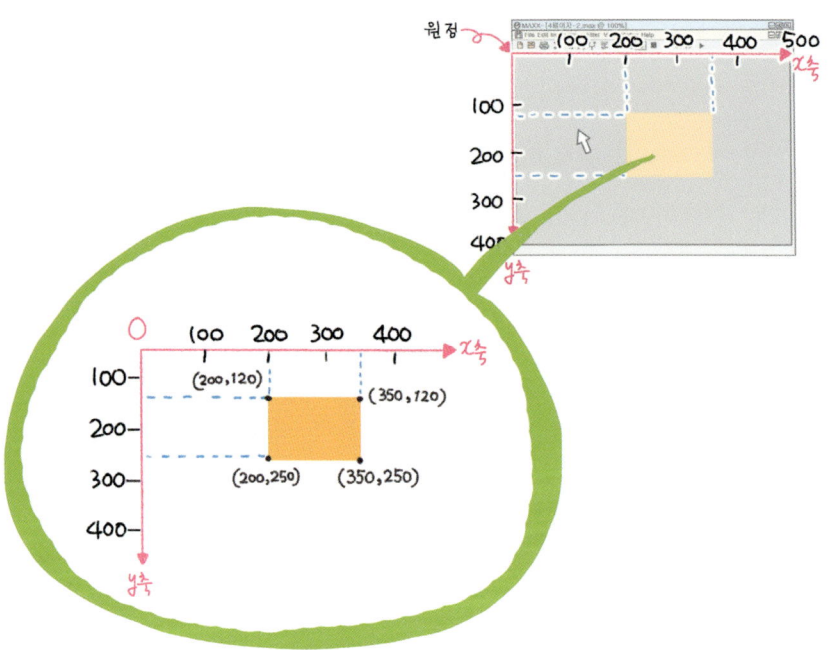

위의 그림에서 주황색 직사각형 꼭짓점들의 좌표를 구하면 주황색 사각형은 $x$좌표 상으로는 200에서 350 사이에 있고, $y$좌표 상으로는 120에서 250 사이에 있어요.

이제 컴퓨터는 마우스의 위치를 나타내는 화살표의 $x$좌표와 $y$좌표를 구해요. 화살표의 $x$좌표의 값이 200보다 크고 350보다 작은지 확인하고, 이어서

**알고 가자 수학 개념**

**좌표**
평면이나 공간에서 어떤 점의 위치를 나타내는 수 또는 순서쌍.

$y$좌표의 값이 120보다 크고 250보다 작은지 확인하지요. 두 조건에 모두 만족하면 컴퓨터는 마우스가 가리키는 곳이 주황색 사각형의 내부에 있다고 생각하여 화살표를 손가락 모양으로 바꾸어 줍니다.

이렇게 컴퓨터와 마우스는 수학의 좌표를 사용하여 많은 사람들에게 편리함을 주고 있어요.

## 좌표를 발명한 데카르트

좌표를 만든 사람은 1600년대의 프랑스 수학자이자 철학자인 데카르트예요. 데카르트는 침대에 누워 천장에 붙은 파리 한 마리를 보았어요. 그는 파리의 위치를 나타내는 방법을 생각하다가 좌표계를 만드는 아이디어를 얻었어요.

만약 천장에 있는 얼룩의 위치를 표시하려면 어떻게 할까요? 데카르트의 좌표계를 사용하면 위치를 수로 나타낼 수 있어요. 왼쪽 아랫부분을 원점으로 해서 오른쪽으로 1.2m, 위로 0.8m인 지점에 얼룩이 하나 있어요. 또 오른쪽으로 2m, 위로 1.8m인 지점에 얼룩이 하나 더 있다고 설명하면 되겠지요. 이것을 좌표로 나타내면 (1.2, 0.8), (2, 1.8)가 되어요. 이렇게 좌표로 나타낸 정보만 있다면 누구나 얼룩을 실제로 보지 않고도 위치를 알 수 있답니다.

# 정오각형의 작도법을 발견한
# 피타고라스학파

고대 사회에서 수학이 가장 발달했던 나라는 이집트였어요. 그래서 당시에 많은 그리스 사람들이 이집트로 유학을 갔답니다. 그리스 사람들은 이집트에서 공부하고 고향으로 돌아가 수학을 발전시켰어요. 그래서 그리스 사람들이 고대 수학의 전성기를 열게 되었지요. 그리스 수학의 발전에 기초를 닦은 사람은 바로 피타고라스예요.

피타고라스는 지금으로부터 2500여 년 전 그리스 시대의 수학자였어요. 그는 이집트에서 수학을 공부한 뒤 고향인 그리스로 돌아와 크로톤이라는 곳에 학교를 세웠어요.

피타고라스는 그곳에서 사람들을 모아 철학, 수학, 과학을 가르쳤답니다. 이 학교를 다닌 사람들은 그리스 사회에서 지혜롭고 재능 있는 우수한 사람으로 인정받았어요.

당시 이집트 사람들은 정삼각형과 정사각형을 그리는 방법을 알고 있었어요. 그렇지만 정오각형을 그리는 방법은 몰랐지요. 정오각형을 그리는 방법은 그리스의 피타고라스학파가 알아낸 것이랍니다.

## 정오각형 그리는 법

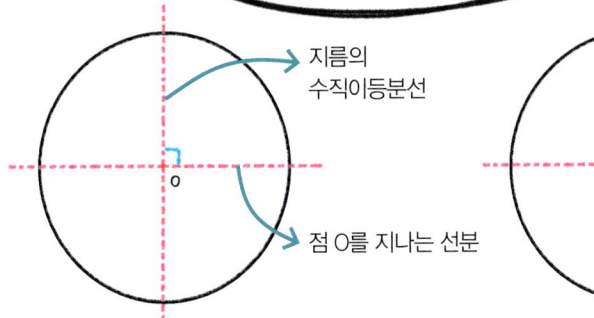

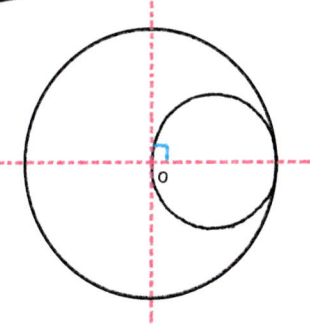

❶ 점 O를 중심으로 하는 원을 그린다. 점 O를 지나는 선분을 그린 뒤, 지름의 수직이등분선을 그린다.

❷ 반지름을 지름으로 하는 원을 그린다.

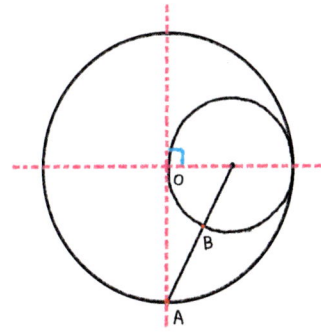

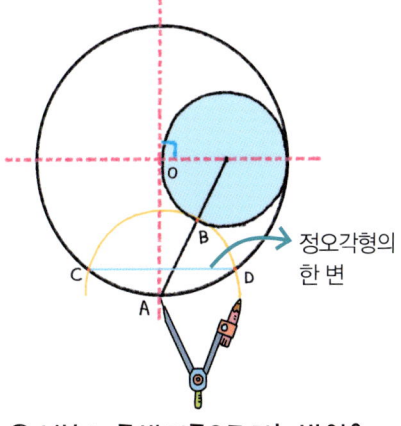

❸ 작은 원의 중심과 점 A를 연결한다.

❹ 선분 AB를 반지름으로 하는 반원을 그림과 같이 그린다. 자를 이용해 점 C와 D를 연결하면 정오각형의 한 변이 된다.

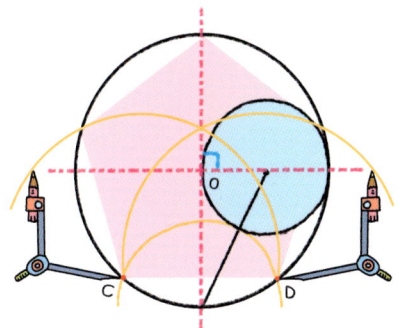

❺ 점 C와 점 D를 중심으로 하여 선분 CD를 반지름으로 하는 반원을 그림과 같이 그린다. 자를 이용해 각 교점(서로 만나는 점)을 연결하면 정오각형이 완성된다.

사회 속, 경제 속에는 수학이 아주 많이 숨어 있어요.
기본적으로 물건을 사고 돈을 잘 계산해 지불하는 것도 수학이지요.
또 저축을 하고 이자율에 맞게 이자를 받았는지를 확인할 때,
백분율을 따져 주가 지수를 분석할 때도 수학이 필요해요.
환율이나 세금을 계산할 때, 대통령 선거 결과 발표 등에서도
비례와 그래프 등의 수학 개념을 찾을 수 있어요.
그럼 사회 속, 경제 속 수학을 차근차근 하나씩 찾아볼까요?

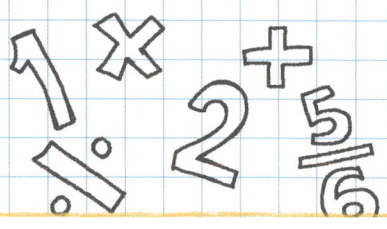

# 알맞은 물건 값 지불하기

연초부터 물가가 인상되어 서민들의 한숨이 짙어지고 있습니다. 종전 1100원이던 코코파이가 1300원으로 인상되었고, 문어깡 또한 700원에서 900원으로 인상되었습니다.

음료의 가격도 기존보다 껑충 뛰어올랐습니다. 200mL에 500원이던 흰 우유는 10% 오른 550원이며, 흰 우유의 가격 인상에 따라 초코 우유, 딸기 우유, 바나나 우유 등의 가격도 일제히 오를 것으로 전망하고 있습니다.

서울 서연동에 사는 한 주부는 아이들과 마트에 가서 원하는 과자 한두 개를 사 주는 것조차 부담이 된다며 물가가 안정되었으면 좋겠다고 이야기합니다.

일부의 사람들은 한 품목당 100원, 200원 정도의 물가 상승은 그리 큰 변화는 아니라고 합니다. 하지만 작은 변화가 쌓이고 쌓이면 큰 변화가 되듯이 계속되는 물가 상승은 서민들의 삶에 큰 타격을 줄 것입니다.

"5만 원을 가지고 마트에 가도 몇 가지 담고 나면 더 이상 살 수가 없어."라고 불평을 늘어놓는 엄마의 모습을 본 적 있나요?

또 "물가는 계속 오르는데 내 월급만 그대로야."라는 한숨 섞인 아빠의 말은 엄마도 한숨 쉬게 만듭니다. 이렇듯 연이은 물가 상승으로 서민들의 생활은 힘들어지고 있어요.

여러분들은 어떤가요? 과자를 사기 위해 마트에 갔어요. 그런데 어제까지는 분명 1100원이던 코코파이가 1300원이 된 거예요. 이때 여러분도 엄마와 같이 한숨을 쉬며 물가가 오른 것에 대해 불평을 하나요?

물론 그런 친구들도 있지만 그렇지 않은 친구들이 더 많을 거예요. 과자 하나의 값이 200원 올랐다고 해서 여러분이 사 먹지 못할 정도는 아니기 때문이에요. 하지만 여러분이 과자 하나만을 사기 위해 마트에 간 것이 아니라면 어떨까요?

수아와 학이가 마트에 갔어요. 수학 시험에서 100점을 받은 수아가 기분이 좋아 학이에게 맛있는 것을 산다고 했지요. 수아는 코코파이를, 학이는 문어깡을 좋아하기 때문에 매일 같은 과자를 먹어요.

과자를 먹을 때 함께 마실 흰 우유도 사요. 수아는 물가가 오른 것을 생각하지 못하고 전과 같은 액수의 돈을 준비해서 마트에 갔어요.

> 수아가 준비한 돈 : 1100+700+500×2=2800(원)

어? 그런데 이상해요. 위의 식을 앞에서부터 차례로 계산하면 2800원이 아니에요. 4600원을 가지고 가야하는데 수아가 잘못된 액수의 돈을 가지고 간 걸까요?

더하기와 곱하기가 섞여 있는 식을 계산할 때에는 더하기보다 곱하기를 먼저 해야 해요. 이렇게 계산하면 수아는 알맞은 액수의 돈을 가지고 간 것이 맞아요.

하지만 예외의 경우도 있어요. 혼합 계산에서 덧셈과 뺄셈에 괄호가 되어 있다면, 괄호 안의 계산을 먼저 해야 해요.

수아는 2800원을 가지고 있어요. 그런데 마침 오늘부터 과자의 가격이 오른 거예요. 그럼 수아와 학이가 평소와 같이 과자를 고른다면 얼마를 내야 하며, 수아는 얼마의 돈이 더 필요할까요?

> 가격 인상 후 과자 가격=1300+900+550×2=3300(원)
> 수아가 더 필요한 돈=(1300+900+550×2)−2800=500(원)

수아는 500원이 더 필요해요. 하나를 살 때는 100원이나 200원을 더 내면 되지만 여러 개의 과자를 함께 사서 계산하니 가격에 대한 부담이 커졌지요?

이렇듯 물건의 값이 하나하나 인상되다 보면 엄마가 장바구니에 똑같은 양의 물건을 담아도 가격의 차이는 훌쩍 커져 버린답니다.

**물가가 오르기 전**     **물가가 오른 후**

**알고 가자 수학 개념**

**혼합 계산**
덧셈, 뺄셈, 곱셈, 나눗셈이 하나의 식에 섞여 있는 계산. 이때는 곱셈과 나눗셈을 먼저 계산한다.
예) 5+7×3=36(X)
    5+7×3=26(O)
    (5+7)×3=36(O)

올림, 버림, 반올림

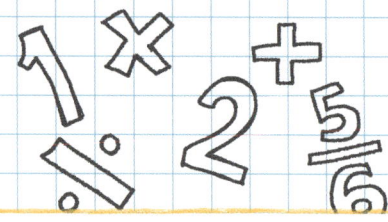

# 추석맞이 장보기

이틀 앞으로 다가온 민족 대명절 추석을 맞이하여 장을 보기 위해 재래시장을 찾는 소비자가 많아졌습니다. 재래시장에서는 전국 각지에서 키우거나 잡은 신선한 채소, 고기, 생선 등이 판매됩니다.

한 재래시장에서는 시장을 찾은 소비자들에게 "명절 음식을 할 때 꼭 필요한 재료는 무엇입니까?"라는 설문조사를 실시하고, 응답자 중 추첨을 통해 상품을 증정하는 이벤트를 진행 중입니다.

현재까지는 이 질문에 대한 답을 달걀이라고 한 응답자가 가장 많았다고 합니다. 달걀은 각종 부침개에 꼭 필요한 재료이기 때문입니다.

달걀 가게를 찾은 소비자들은 달걀을 꾸러미로 구매한다고 합니다. 꾸러미로 구매를 하는 것이 낱개로 구매를 하는 것보다 비용을 절약할 수 있기 때문입니다. 그래서 명절 즈음부터 달걀 가게에서는 달걀을 낱개로 판매하지 않습니다. 그러므로 소량의 달걀을 구매하기 원하는 소비자는 재래시장을 찾기보다 동네의 작은 가게를 이용하는 것이 좋습니다.

추석을 맞이하여 재래시장을 찾는 많은 소비자들로 인해 시장 상인들이 활기를 되찾을 수 있겠어요. 핵가족화가 되면서 많은 양의 식재료가 필요하지 않아 재래시장을 찾는 소비자가 많지 않지만 명절에는 친척들이 모이게 되므로 많은 양의 재료가 필요하기 때문에 재래시장을 찾는 소비자가 많아진 것이에요.

수아도 엄마와 함께 재래시장에 갔어요. 엄마는 달걀을 사야 했지요. 그런데 달걀 가게에서는 달걀을 10개씩 묶은 꾸러미로만 팔고 있었어요.

엄마는 달걀 13개가 필요했지만 1개, 2개, 3개와 같이 낱개로는 살 수 없기에 두 꾸러미를 살 수 밖에 없었어요. 13을 일의 자리에서 '올림'하여 십의 자리까지 나타내면 20이 되기 때문이에요.

달걀은 10개 단위의 꾸러미로만 팔아요.

달걀 13개만 있으면 되는데…… 7개가 남겠어!

엄마, 13을 일의 자리에서 올림하면 20이에요! 두 꾸러미를 사야 해요.

**2장 사회, 경제에서 수학을 찾아라! · 51**

그럼 이제 달걀 가게의 주인이 되어 생각해 볼까요? 달걀 가게의 주인은 10개씩 달걀 꾸러미를 만들어 판매를 해요. 그런데 오늘 아침 닭들이 낳은 달걀을 전부 모아 보니 107개였어요. 주인은 최대한 많은 달걀 꾸러미를 만들어 보려고 했지만 11번째 꾸러미를 채우려고 하니 3개가 부족했어요. 그래서 주인은 10개의 꾸러미만을 팔 수 있었답니다.

이런 경우, 판매할 수 없게 된 7개의 달걀을 수학에서는 '버림'이라는 말로 표현해요. 남은 달걀을 진짜로 버리는 것이 아니라 세지 않기로 하는 것이지요.

또 다른 예를 들어볼까요? 가나초등학교에서는 일 년에 한 번 모든 학생들을 대상으로 건강 검진을 실시해요. 학생들은 작년과 비교하여 키가 얼마나 자랐는지, 몸무게는 얼마나 늘었는지 무척이나 궁금해 하지요.

그런데 학이에게 불만이 생겼어요. 학이의 키는 150.3cm이고, 친구의 키는 149.8cm인데 선생님께서 모두 150cm로 기록한 것이지요. 학이는 선생님께 의문을 제시했어요. 그러자 선생님께서는 '반올림'을 하여 나타냈다고 말씀하셨어요.

올림과 버림은 이미 알고 있지요? 그렇다면 반올림이란 무엇일까요? 선생님께서 학이와 친구의 키를 나타낼 때 사용한 것이 바로 반올림이에요. 150.3cm에서 3은 5보다 작음으로 버리고, 149.8에서 8은 5보다 큼으로 올린 것이지요.

이렇게 우리 생활에서는 올림, 버림, 반올림이 많이 사용되고 있어요.

알고 가자 수학 개념

**올림**
구하려는 자리의 수에 1을 더하고, 한 자리 아래 수를 0으로 한다.
예 150.3을 소수점 첫째 자리에서 올림하여 일의 자리까지 나타내면, 151이 된다.

**버림**
구하려는 자리의 한 자리 아래 수를 0으로 한다.
예 150.3을 소수점 첫째 자리에서 버림하여 일의 자리까지 나타내면, 150이 된다.

**반올림**
구하려는 자리의 한 자리 아래 수가 5 미만일 때(5보다 작을 때)는 버리고, 5 이상일 때(5보다 크거나 같을 때)는 올린다.
예 150.3을 소수점 첫째 자리에서 반올림하여 일의 자리까지 나타낼 때는 소수점 첫째 자리의 수를 5와 비교해 본다. 3은 5보다 작으므로 버림하면, 150.3을 반올림한 값은 150이 된다.

2장 사회, 경제에서 수학을 찾아라!

백분율

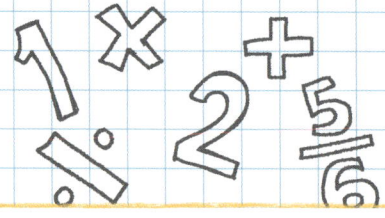

# 주가 지수 분석하기

이번 주에는 이라크의 혼란과 국제 유가의 상승으로 주가가 2000포인트에서 10% 하락했습니다.

다음 주 주가의 방향에 대해 가나증권의 임주식 부장은 "전 세계적인 지구 온난화로 인해 날씨가 따뜻하여 석유 소비량이 감소했습니다. 그리고 미국의 석유 비축량이 늘어났기 때문에 유가가 안정세로 돌아설 것으로 보입니다. 따라서 다음 주에는 종합 주가 지수가 10% 정도 다시 올라갈 것입니다."라고 예상했습니다.

하지만 임주식 부장의 예상대로 주가가 10% 오른다고 해도 다음 주에 2000포인트를 회복하기는 힘들 것으로 보입니다.

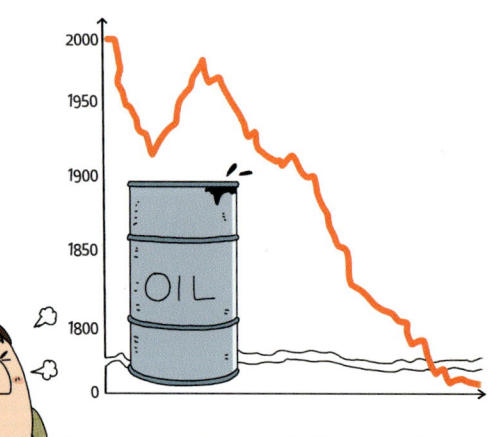

신문의 경제란에는 매일 주가의 오르내림에 관한 기사가 나와요. 많은 사람들이 관심 있게 보기 때문이지요. 사람들은 주가가 오르면 좋아하고, 주가가 떨어지면 속상해 한답니다.

금요일의 경제 기사를 보면 한 주간의 주가 변화와 그 원인을 분석하는 기사가 나와요. 그리고 다음 주에는 주가가 어떻게 변할지에 대한 예측 기사를 싣지요.

그러면 기사에 나온 것처럼 2000포인트였던 종합 주가 지수가 10% 하락했다면 현재의 주가는 얼마일까요?

여기에는 '백분율'이라는 수학의 원리가 적용돼요. 백분율은 전체를 100으로 했을 때, 그중에 차지하는 비율을 말해요. %란 기호로 나타내고 퍼센트(percent)라고 읽는답니다.

10%란 전체를 100으로 정했을 때, 그중 10에 해당하는 양을 뜻해요. 즉, 2000포인트를 100으로 보면, 그중 10에 해당하는 양은 200이지요.

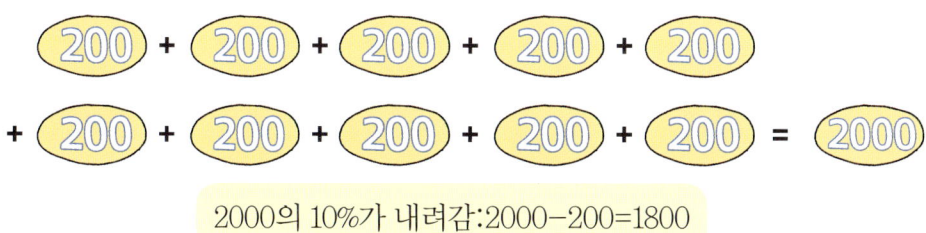

2000의 10%가 내려감: 2000−200=1800

이 중 하나가 줄었기 때문에 종합 주가 지수는 1800포인트가 돼요.

그런데 이상한 점이 있어요. 기사를 보면 다음 주에는 증권 상황이 나아져 종합 주가 지수가 다시 10% 오를 것으로 예상했어요. 그럼에도 불구하고 왜 2000포인트를 회복하기는 힘들 것으로 보인다고 한 것일까요?

10% 하락했던 주가 지수가 다시 10% 오른다면 주가는 원래대로 2000 포인트가 되어야 하는 것 아닐까요?

하지만 안타깝게도 다시 2000포인트가 되지 않아요. 10%의 기준이 무엇인가에 따라 결과가 다르기 때문이에요.

2000의 10%는 200이지만, 1800의 10%는 180이에요. 그러므로 주가가 다시 10% 오른다고 해도 원래대로 돌아오지 않는 거예요.

180 + 180 + 180 + 180 + 180
+ 180 + 180 + 180 + 180 + 180 = 1800

1800의 10%가 올라감 : 1800+180=1980

또 다른 예를 볼까요? 학이의 용돈은 만 원이에요. 학이가 용돈을 받는 날, 수아는 학이에게 받은 용돈의 50%를 빌려 주면 그 돈의 70%를 갚겠다고 하였어요. 50%를 빌려 주면 70%를 돌려준다는 말에 학이는 기꺼이 돈을 빌려 주었지요. 20%의 이익을 생각하면서 말이에요.

그런데 과연 이 거래가 학이에게 이익일까요?

아니요. 그렇지 않아요. 학이는 용돈의 50%인 5000원을 수아에게 빌려 주었어요.

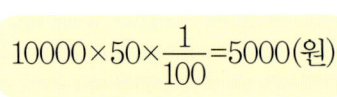

$$10000 \times 50 \times \frac{1}{100} = 5000(원)$$

수아는 빌린 돈의 70%를 돌려준다고 했지요? 그럼 수아는 학이에게 얼마를 돌려줘야 할까요?

%를 계산할 때는 $\frac{1}{100}$을 곱해줘야 해요.

$$5000 \times 70 \times \frac{1}{100} = 3500(원)$$

수아는 학이에게 5000원을 빌렸지만 3500원만 돌려주면 돼요. 학이는 비율 계산을 하지 못해서 1500원의 손해를 보게 되었어요.

이렇듯 비율을 계산하는 것 또한 일상생활에 꼭 필요한 것이랍니다.

**알고 가자 수학 개념**

**백분율**
기준량을 100으로 했을 때, 그중에 차지하는 양의 비율. %로 표시한다.
예 100 중 30은 30%

이자율

# 저축 이자 계산하기

이수아 어린이는 평소에 용돈을 저축하는 습관을 들였습니다.

초등학교에 입학할 때 10만 원을 은행에 저축하여 1년 동안 원금의 10%를 이자로 받게 되었습니다. 그리고 매년 원금과 이자를 찾아 전액을 같은 조건으로 다시 예금했습니다.

이수아 어린이는 초등학교를 졸업할 때 은행에서 돈을 찾을 예정입니다. 중학교에 입학하는 3월에 이수아 어린이가 받게 될 돈은 얼마일까요?

용돈을 아껴 저축하는 일은 매우 중요합니다. 그리고 어떤 금융 상품에 돈을 저축할지 잘 선택해야 합니다. 이를 위

해서는 은행에 돈을 저축할 때 예금 기간에 따른 이자율을 잘 계산해야 합니다.

어느새 이렇게 돈이 많아졌지?

여러분도 수아처럼 은행에 통장을 만들고 용돈을 아껴 저축하는 습관을 들이는 것이 좋아요. 은행에 돈을 맡기면 예금한 돈(원금)에 이자가 더해지기 때문이에요. 이때 원금에 대한 이자의 비율을 '이자율'이라고 해요.

이자율은 은행마다 달라요. 같은 은행이라도 정기 예금이나 정기 적금 등 금융 상품마다 조금씩 차이가 나지요. 이런 차이를 잘 분석하여 저축하는 것도 돈을 모으는 방법이랍니다.

이자율이 10%라는 것은 원금을 10으로 나누었을 때, 그중 1에 해당하는 양의 돈을 이자로 준다는 것을 의미해요. 즉, 수아가 은행에 저축한 돈이 10만 원이라면 1년 후에 받게 되는 돈은 다음과 같아요.

원금 10만 원과 함께 원금의 10%인 1만 원을 1년 동안의 이자로 받게 되지요. 즉, 수아가 1년 후에 찾게 되는 돈은 11만 원이 돼요. 이렇게 1년 후에 받는 이자율을 '연이율'이라고 해요.

그렇다면 같은 조건으로 초등학교에 입학할 때부터 은행에 계속 돈을 저축한다면 졸업할 때에는 얼마의 돈을 받게 될까요? 이것을 계산하는 것은 어렵지 않답니다.

> 10%의 이자는 백분율로 계산하여 0.1로 나타내요.

1년 째 받는 돈 : 10만 원×(1+0.1)=11만 원

2년 째 받는 돈 : 11만 원×(1+0.1)=12만 1000원

3년 째 받는 돈 : 12만 1000원×(1+0.1)=13만 3100원

이렇게 계산을 하면 6년 뒤 졸업할 때 받게 되는 돈은 다음과 같아요.

|  | 예금한 돈(원금) | 이자 | 받게 되는 돈 |
|---|---|---|---|
| 1학년 3월 | 100,000원 | × |  |
| 2학년 3월 | 100,000원 | 10,000원 | 110,000원 |
| 3학년 3월 | 110,000원 | 11,000원 | 121,000원 |
| 4학년 3월 | 121,000원 | 12,100원 | 133,100원 |
| 5학년 3월 | 133,100원 | 13,310원 | 146,410원 |
| 6학년 3월 | 146,410원 | 14,641원 | 161,051원 |
| 졸업 후 (중학교 1학년 3월) | 161,051원 | 16,105원 | 177,156원 |

**알고 가자 수학 개념**

**이자율**
원금에 대한 이자의 비율
예 10만 원을 저금하여 11만 원을 받으면, 이 저금의 이자는 1만원으로 이자율은 10%이다.

**연이율**
1년을 단위로 하여 정한 이자율
예 10만 원을 저금하여 일 년 후에 11만 원을 받으면, 이 저금의 연이율은 10%이다.

처음에는 10만 원이었는데 6년 동안 17만 7156원이 되었네요. 돈을 더 저축하지 않았는데도 6년 동안 7만 7156원이 저절로 불어났어요. 이렇게 저축을 하면 이자에도 이자가 붙기 때문에 생각보다 큰돈을 모을 수 있답니다.

비례

## 석유의 가격과 환율, 경제 성장률의 관계

재정 경제부가 유가(석유의 판매 가격)와 환율(두 나라 돈의 교환 비율)에 따른 내년도 경제 성장률을 발표했습니다.

이 그래프에 따르면 유가의 상승과 환율 하락 등으로 내년에는 경제 성장률이 낮아질 전망입니다. 국제 유가가 10% 정도 오르면 경제 성장률이 0.2% 정도 낮아집니다.

또한 환율이 떨어지면 수출을 통해 벌어들이는 돈이 줄어들기 때문에 수출 의존도가 높은 우리나라의 경제 성장률은 낮아질 수밖에 없습니다.

좀처럼 늘어나지 않는 국내 소비도 경제 성장률이 낮아지는 요인 중 하나입니다.

석유의 가격이 오르면 경제가 나빠지고, 환율이 오르면 경제가 좋아지네.

경제 성장률이란 국민 총소득이 지난해에 비해 얼마나 성장했는가를 수치로 나타낸 경제 용어예요. 경제 성장률이 증가한다는 것은 국민 평균 소득이 늘어나는 것을 뜻해요. 따라서 경제 성장률은 한 나라의 전체적인 경제 상황을 나타내는 지표가 되지요.

기사에 나온 것처럼 최근 들어 석유의 가격과 환율이 경제 성장률에 큰 영향을 미쳐요.

석유의 가격과 경제 성장률의 관계는 그래프로 그려 보면 쉽게 알 수 있어요. 아래의 그래프에서 가로로 된 화살표는 오른쪽으로 갈수록 석유의 가격이 비싸지는 것을 뜻해요. 세로로 된 화살표는 위로 올라갈수록 경제 성장률이 커진다는 것을 의미해요.

그럼 그래프에서 석유의 가격이 50달러(1달러는 약 1000원이므로, 50달러는 약 5만 원)일 때와 60달러(약 6만 원)일 때를 비교해 볼까요?

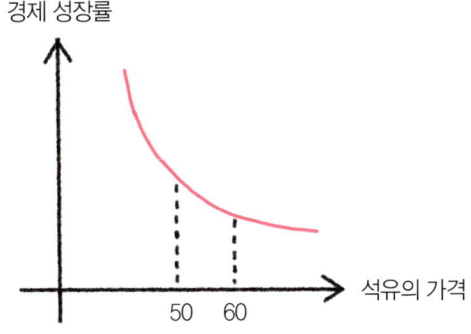

경제 성장률은 석유의 가격이 50달러일 때 더 높아요. 즉, 석유의 가격과 경제 성장률은 서로 반대된다는 사실을 알 수 있어요. 석유의 가격이 오르면 경제 성장률이 낮아지고, 반대로 석유의 가격이 내려가면 경제 성장률이 올라가지요.

**알고 가자 수학 개념**

**정비례 관계**
두 값 사이에 어떤 값이 2배, 3배, 4배…로 변함에 따라 다른 값도 2배, 3배, 4배…로 변하는 관계

**반비례 관계**
두 값 사이에 어떤 값이 2배, 3배, 4배…로 변함에 따라 다른 값 $\frac{1}{2}$배, $\frac{1}{3}$배, $\frac{1}{4}$배…로 변하는 관계

이렇게 석유의 가격이 2배, 3배…로 변함에 따라 경제 성장률이 $\frac{1}{2}$배, $\frac{1}{3}$배…로 변하면 '반비례 관계에 있다.'라고 해요.

그렇다면 환율과 경제 성장률은 어떤 관계일까요? 환율이 내려가면 수출로 벌어들이는 돈이 줄어들어요. 왜냐하면 우리나라 기업이 100달러짜리 물건을 수출했을 때 환율이 1000원이면 10만 원을 받지만, 환율이 900원으로 내려가면 9만원만 받게 되기 때문이에요. 같은 물건을 수출해도 들어오는 돈이 적으니까 손해이지요. 이런 경우에는 손해를 줄이기 위해 값을 올려 수출해야만 해요. 값이 올라가면 그만큼 외국에 덜 팔리기 때문에 수출이 줄어들어요.

반대로 환율이 올라가면 같은 물건을 팔아도 들어오는 돈이 더 많아요. 이것을 그래프로 나타내면 다음과 같아요.

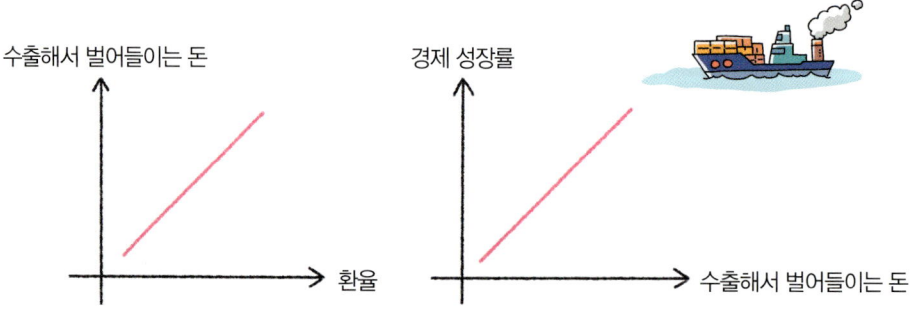

환율이 올라가면 수출이 늘어나고 수출이 늘어나면 경제 성장률이 올라가요. 이때, 환율이 2배, 3배…로 변함에 따라 수출을 통해 벌어들이는 돈이 2배, 3배…로 변하면 이 둘을 '정비례 관계에 있다.'라고 해요.

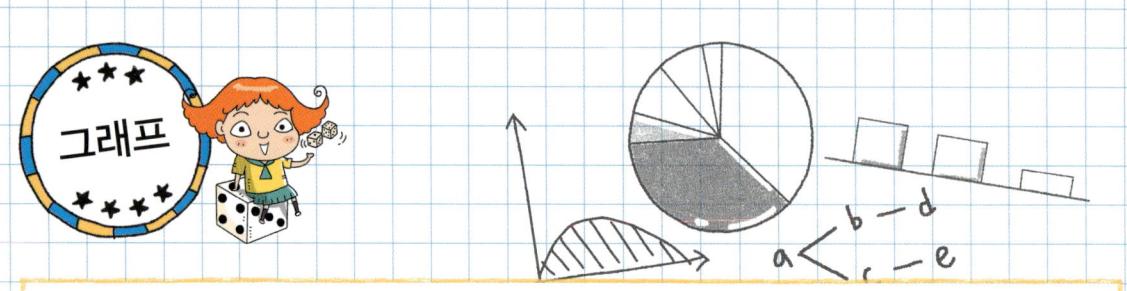

# 휘발유에 포함된 여러 가지 세금

국제 유가가 계속 오르고 있습니다. 이라크와 나이지리아 등 석유 생산국들의 사회 불안과 중국, 인도 등 개발도상국의 석유 소비량 증가가 원인으로 보입니다.

우리나라도 석유 소비량이 해마다 증가하기 때문에 국제 석유 가격의 상승은 서민들에게 부담을 줍니다. 특히 휘발유 값이 오르면 국민들의 살림살이가 어려워집니다.

그런데 국제 유가가 오르더라도 휘발유 값이 오르는 폭을 줄일 수 있다는 주장이 나왔습니다. 휘발유 값의 약 70%가 세금이기 때문에 세금을 줄이면 석유의 수입 가격이 올라도 국내 휘발유 가격을 그대로 유지할 수 있다고 합니다.

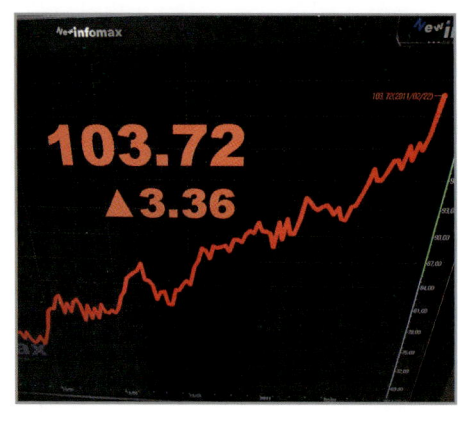

이에 대해 정부는 물가 안정을 위해 검토를 해보겠지만 나라의 예산이 줄어들기 때문에 쉽게 결정할 수는 없다고 밝혔습니다.

주유소에서 사는 휘발유의 가격에는 세금이 포함되어 있어요. 그런데 이 세금이 휘발유 자체의 가격보다 더 많다는 사실을 알고 있나요?

휘발유 가격이 100원이라면 그중에 순수한 기름 값은 30원이고 세금이 70원정도 된답니다.

휘발유 가격에 포함된 세금이 70%라고 하면 어느 정도일까요? 휘발유를 5만 원어치 사면 이 가운데 3만 5000원이 세금인 셈이에요.

그렇다면 휘발유 가격에는 어떤 종류의 세금이 들어 있는지 궁금하지 않나요? 세금을 정확히 확인하고 올바르게 내는 것은 민주 시민의 의무이자 권리예요. 그러니까 휘발유 안에 포함된 세금은 무엇이고, 어느 정도나 되는지 확인하는 것도 중요한 일이지요.

다음은 주유소에서 1리터에 1830원으로 판매되는 휘발유 가격의 세금 항목을 정리한 표입니다. 휘발유 가격은 공장도 가격과 여러 가지 세금을 포함해서 정해지지요.

| 공장도 가격 | 교통 에너지 환경세 | 교육세 | 개별 소비세 | 부가가치세 | 합계 |
| --- | --- | --- | --- | --- | --- |
| 580 | 529 | 80 | 475 | 166 | 1830원 |

그런데 이 표만 보아서는 세금이 판매 가격에서 어느 정도를 차지하는지 알기 힘들어요. 이때 그래프를 이용하면 표에서 알기 어려운 크고 작은 변화를 한눈에 볼 수 있답니다.

그래프의 종류에는 막대그래프, 원그래프, 띠그래프 등이 있어요. 위의 표의 내용을 막대그래프로 나타내면 다음과 같아요.

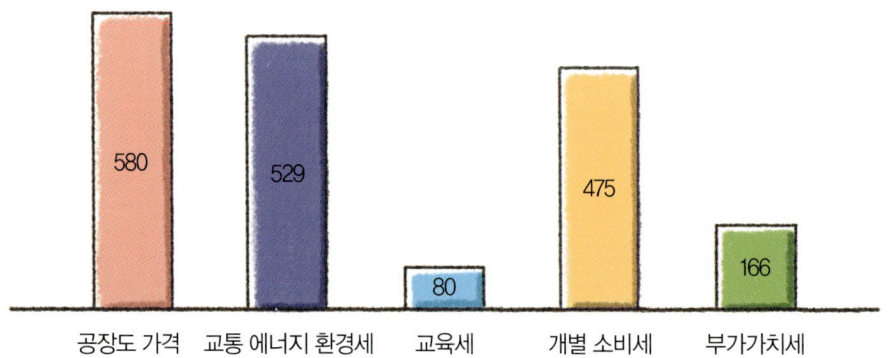

막대그래프를 이용하면 휘발유 가격에 포함된 여러 가지 항목들을 서로 비교할 수 있어요. 위의 그래프를 보면 공장도 가격이 교통 에너지 환경세보다 더 많이 포함된다는 것을 알 수 있지요.

전체 가격에서 각 항목이 차지하는 비율을 나타낼 때에는 원그래프를 사용하면 편리해요.

원그래프의 모양만으로도 각종 세금이 휘발유 가격의 $\frac{2}{3}$ 정도를 차지함을 알 수 있어요.

띠그래프는 전체에서 차지하는 비율을 나타낸다는 점에서 원그래프와 비슷해요. 그렇지만 띠그래프는 두 개의 다른 항목을 비교할 때 편리하답니다.

아래처럼 주유소에서 파는 경유와 휘발유에 포함된 세금의 비율을 서로 비교할 수 있지요.

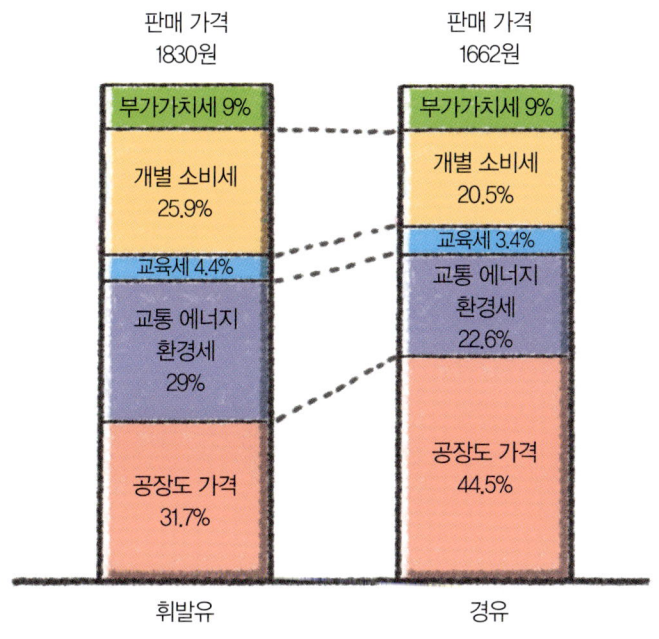

두 그래프를 보면 경유는 휘발유보다 판매 가격이 낮지만 공장도 가격이 차지하는 비중이 높아요. 그 대신 세금이 적다는 것을 알 수 있어요.

**알고 가자 수학 개념**

**그래프**
자료를 정리하여 한눈에 알아보기 쉽게 나타낸 것. 각 자료의 성격과 알아보고자 하는 내용의 특성에 따라 막대그래프, 원그래프, 띠그래프 등으로 나타낸다.

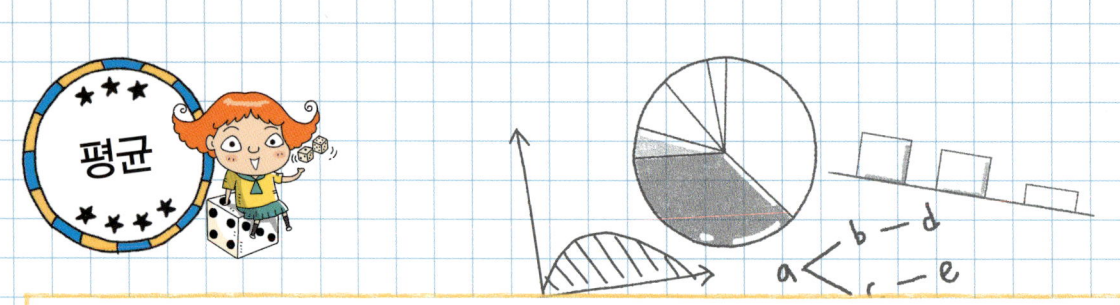

# 전 국민 대선 투표율

대한민국 제19대 대통령 선거가 끝났습니다. 한통령 후보가 총 40.2%의 득표율로 대한민국의 제19대 대통령이 되었습니다.

중앙선거관리위원회는 12월 20일 오후 6시에 투표를 마감하고 집계를 시작하였습니다. 전체 유권자 3천 499만 1천 529명 가운데 2천 462만 40명이 투표에 참여하여 총 70.4%의 평균 투표율을 기록했다고 밝혔습니다.

지역별 투표율을 보면 광주가 77.7%로 가장 높았고, 전남 75.7%, 전북 74.1%, 경남 71.6%, 부산과 대구 71.1%, 서울과 경북 71%로, 8개 지역의 투표율이 평균 투표율보다 높았습니다.

반면에 평균 투표율보다 낮은 지역은 울산 70%, 제주 69%, 강원 68.2%, 경기 68%, 충북 67.9%, 대전 67.4%, 인천 66.1%, 충남 65.9%로, 8개 지역이었습니다.

이번 제19대 대선은 제18대 대선과 비교하여 참여 유권자의 투표율이 5.4% 하락했습니다. 앞으로 더 많은 국민들의 관심과 적극적인 참여가 필요하겠습니다.

수학을 알면 방송이나 신문을 이해하기 쉬워요. 신문과 방송에는 매일같이 숫자와 그래프들이 나오기 때문이에요. 이런 숫자들은 수많은 자료를 수치로 표현한 것이에요. 특히 선거철이 되면 나라가 온통 숫자들의 잔치를 열지요. 각 방송사들은 투표 결과를 개표와 동시에 실시간으로 방송해요.

이 기사를 보면 한통령 후보가 총 40.2%의 득표율로 대한민국의 제19대 대통령이 되었어요.

유권자를 모두 10명이라고 하면 그중 약 4명이, 100명이라고 하면 그중 약 40명이, 1000명이라고 하면 그중 402명이 한통령 후보가 대통령이 되었으면 좋겠다고 생각하고 자신의 소중한 한 표를 쓴 것이지요.

또 기사를 보면 투표권을 가지고 있는 전체 유권자 3천 499만 1천 529명 가운데 2천 462만 40명이 투표에 참여하여 총 70.4%의 평균 투표율을 기록했다고 해요. 이때 평균 투표율이라는 말은 무엇을 뜻할까요?

'평균'이란 자료 전체를 더한 합계를 자료의 개수로 나눈 값이에요. 그럼 70.4%의 평균 투표율은 어떻게 계산되었는지 함께 살펴 봐요.

$$(\text{평균 투표율}(\%)) = \frac{(\text{투표자 수})}{(\text{총 유권자 수})} \times 100$$
$$= \frac{24620040}{34991529} \times 100$$
$$= 70.360\cdots (\text{소수점 둘째 자리에서 반올림하면 } 70.4\%)$$

그럼 학교생활에서 사용되는 평균의 예를 살펴볼까요? 며칠 전 수아와 학이는 기말고사 시험을 봤어요. 그리고 오늘 담임 선생님께서 성적표를 나누어 주었지요.

수아는 100점이 있고 학이는 100점이 없으니 수아가 기말고사를 더 잘 본 걸까요? 이럴 때는 평균 점수를 구하여 비교해 보면 쉽게 알 수 있어요.

$$(평균\ 점수) = \frac{(수학\ 점수 + 국어\ 점수 + 사회\ 점수 + 과학\ 점수)}{4}$$

84.5점 < 85.25점

이를 통해 학이의 기말고사 평균 점수가 수아의 평균 점수보다 높다는 것을 알 수 있어요.

이처럼 평균은 가구당 평균 소득, 직장인의 평균 연봉, 평균 인구 증가율, 한국인의 평균 키나 몸무게 등을 나타낼 때 많이 쓰이고 있답니다.

## 평균과 중간은 달라요.

학이는 볼링 대회에서 평균 55점을 얻었어요. 학이는 엄마에게 "대회 평균이 50점이에요. 그러니까 전 중간은 넘었어요"라고 말했어요. 학이가 한 말은 정말 정확한 표현일까요? 평균 점수는 전체 선수들의 점수를 더한 뒤 선수들의 수로 나눠서 나온 점수이고, 중간 점수는 모든 선수의 점수를 낮은 점수부터 차례로 나열했을 때 중간에 있는 점수를 말해요. 따라서 만약 학이의 점수가 전체 50명의 선수들이 받은 점수를 낮은 점수부터 나열했을 때 20번째에 있다면 중간을 넘지 못한 것이죠. 이럴 때는 "엄마, 전 평균 점수는 넘었어요"라고 해야 맞아요. 이렇게 평균과 중간은 의미가 달라요.

**평균**
자료 전체를 더한 합계를 자료의 개수로 나눈 값

(평균) = (전체 합계) / (전체 개수)

 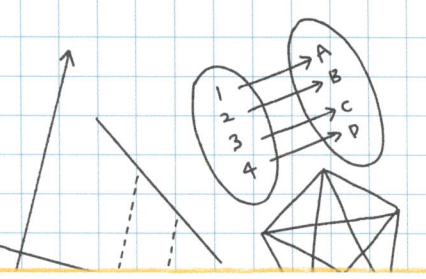

# 자동판매기의 원리

최근 거리에는 커피나 음료수 자동판매기뿐만 아니라 라면 자동판매기, 신문 자동판매기까지 등장했습니다. 구청이나 동사무소에서도 자동판매기를 이용하여 각종 민원서류를 편리하게 뗄 수 있게 되었습니다.

이처럼 편리한 자동판매기가 어떤 원리로 작동하는지 궁금해 하는 사람들이 많습니다. 이에 대해 자동판매기 제조업체의 한 간부는 "자동판매기에는 수학의 원리가 적용됩니다. 버튼 하나 하나에 커피나 음료수를 하나씩 대응시켰기 때문이지요."라고 말했습니다. 이는 자동판매기에 수학의 함수 원리가 작용하고 있다는 뜻입니다.

한편 모든 자동판매기가 환영받는 것은 아닙니다. 담배 자동판매기는 청소년 흡연을 막기 위해 모두 철거되었습니다.

함수란 어떤 재료를 넣어 새로운 값을 만드는 기계라고 생각하면 이해하기 쉬워요.

물론 기계 속에는 한 가지가 아닌 여러 가지 재료를 넣을 수 있어요. 수학의 함수에도 여러 개의 수를 넣을 수 있지만, 초등학생이나 중학생이 배우는 함수에는 한 번에 하나의 재료만 들어가요.

다음과 같은 함수에서는 1에서 4까지의 자연수가 재료로 들어가고, 기계를 통해 그 재료를 두 배로 만든 결과가 나왔어요.

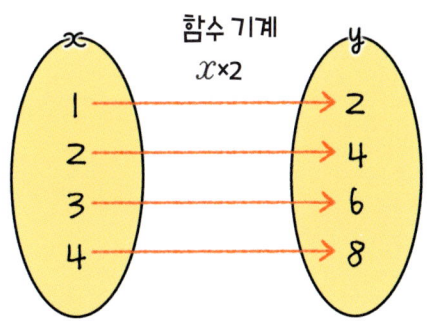

이와 같이 함수는 왼쪽에서 오른쪽으로 화살표를 이용하여 대응시킨 그림으로 나타내요. 그런데 무조건 두 항목의 관계를 그림이나 화살표로 대응시킨다고 해서 함수가 되는 것은 아니에요. 음료수 자동판매기를 함수 그림으로 나타내면 다음과 같아요.

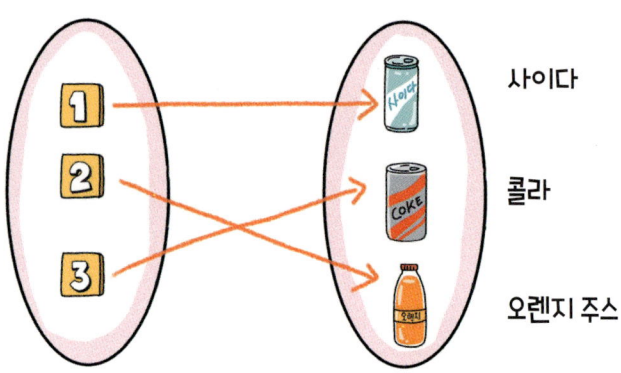

1번 버튼을 누르면 사이다가 나오고, 2번 버튼을 누르면 오렌지 주스가 나오고, 3번 버튼을 누르면 콜라가 나오지요. 그런데 다음과 같이 4번 버튼을 눌렀는데 아무것도 나오지 않는다면 4번 버튼을 누른 사람은 화가 나겠지요? 이는 함수가 아니랍니다.

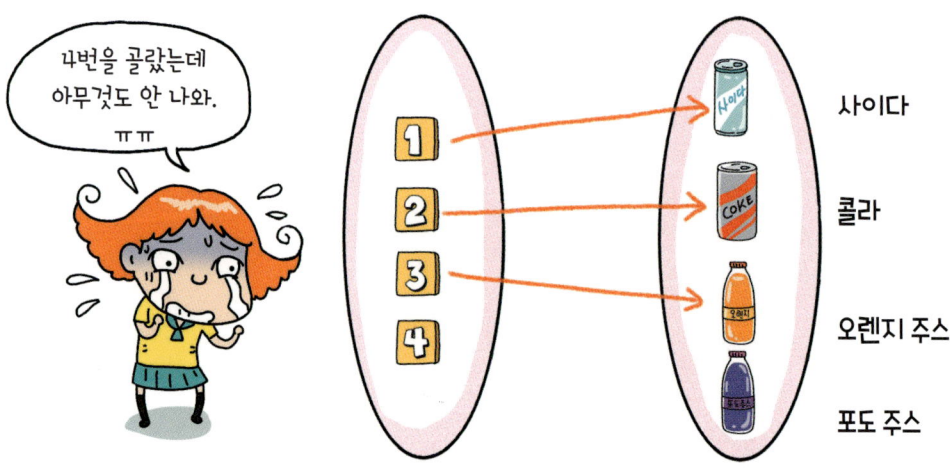

또 버튼 하나에 두 개의 음료수가 동시에 나오면 그 버튼을 누른 사람은 좋아하겠지만, 이 또한 함수가 아니에요.

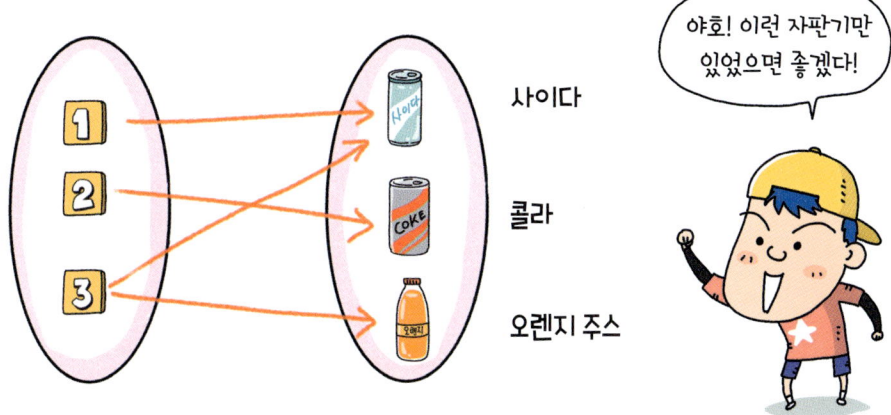

함수가 되려면 왼쪽에 있는 항목에서 화살표가 하나씩 오른쪽으로 일대일 대응되어야 한답니다.

### 자연수는 짝수보다 많을까요?

당연히 자연수가 짝수보다 많다고 생각할지 몰라요. 1에서 10까지의 자연수는 10개예요. 그 가운데 짝수는 다섯 개이기 때문에 10−5=5로 자연수가 짝수의 2배이기 때문이에요. 그러나 자연수와 짝수를 일대일 대응시키면 아래와 같아요.

```
1   2   3   4   5   6   7   8   9   10  …
↕   ↕   ↕   ↕   ↕   ↕   ↕   ↕   ↕   ↕
2   4   6   8   10  12  14  16  18  20  …
```

위의 식을 보면 자연수를 아무리 많이 나열해도 이에 대응하는 짝수가 계속 나와요. 결국 자연수와 짝수가 무한하기 때문에 어느 것이 더 많다고 말할 수 없어요.

**함수**
$x$의 값에 따라서 $y$의 값이 오직 하나로만 정해질 때, $y$는 $x$의 함수라고 한다.

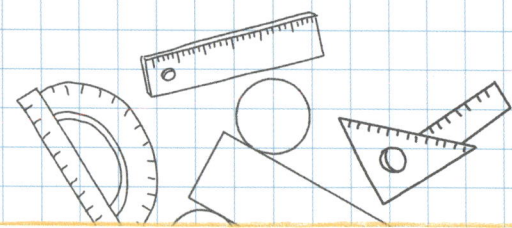

# 우리 집의 넓이 구하기

집의 크기를 나타내는 단위로 평이라는 말을 사용하지 않고 제곱미터를 사용하게 된지 몇 년이 흘렀지만, 사람들은 아직까지 크게 혼동하고 있습니다. 많은 사람들이 제곱미터를 사용한 넓이에 익숙해지지 못하고 여전히 평이라는 말을 많이 사용하고 있습니다.

서연동에 사는 김평수 씨는 "33평 집으로 이사를 가려고 공인 중개사 사무소에 갔는데 33평이 제곱미터 단위로 얼마나 되는지 알지 못해서 한동안 대화를 하는 데 어려움이 있었습니다."라고 말했습니다.

일부 공인 중개사 사무소에서는 아직까지 제곱미터라는 단위에 적응하지 못한 사람들이 많아 계속해서 평이라

는 단위를 사용하고 있다고 합니다. 언제쯤 제곱미터를 이용한 단위에 익숙해질지, 많은 사람들의 노력이 더 필요하겠습니다.

학이의 아빠 김평수 아저씨가 이사를 하려 하네요. 그럼 아들인 학이도 아빠와 함께 이사를 해야겠지요? 평수 아저씨는 학이가 무럭무럭 크자 더 큰 집으로 이사를 계획하고 공인 중개사 사무소로 갔어요.

공인 중개사에게 33평으로 이사를 가려 한다고 하자, 공인 중개사는 "아, 109제곱미터 아파트 보시게요?"라고 되물었어요.

평수 아저씨는 곤란해졌어요. 109제곱미터가 몇 평인지, 반대로 33평은 몇 제곱미터인지 계산할 수 없어서 혼란에 빠진 것이지요.

이렇게 평을 제곱미터로 고치는 것처럼 하나의 단위를 다른 단위로 고치는 것을 단위 변환이라고 해요. 단위란 길이나 무게, 시간 등을 수치로 나타낼 때 기초가 되는 일정한 기준을 말하지요.

2장 사회, 경제에서 수학을 찾아라! · 79

그럼 평을 제곱미터로 바꾸는 방법을 알아볼까요?

$$1평 = 3.3057 m^2$$
$$x평 = x \times 3.3057 (m^2)$$

위의 식에 구하고자 하는 평수를 $x$에 넣으면 평과 제곱미터의 단위 변환을 어렵지 않게 할 수 있어요.

평수 아저씨가 말한 33평을 제곱미터 단위로 고치면 다음과 같아요.

$$33 \times 3.3057 = 109.0881$$

33평은 109.0881제곱미터가 돼요. 이것을 소수 첫째 자리에서 반올림하면 109제곱미터예요. 그래서 공인 중개사는 평수 아저씨가 33평이라고 했을 때 '109제곱미터'라고 한 것이지요.

단위 변환의 또 다른 예를 들어 볼까요?

미국 여행을 가면 뉴스를 통해 일기 예보를 꼭 확인해야 해요. 여행에는 날씨가 매우 중요하기 때문이에요.

**단위**
길이나 무게, 시간 등을 수치로 나타낼 때 기초가 되는 일정한 기준

**단위 변환**
하나의 단위를 다른 단위로 고치는 것

우리나라에서는 날씨를 나타낼 때 섭씨온도 단위를 써요. 하지만 미국에서는 화씨온도 단위를 쓰지요. 미국 일기 예보에서의 85도라는 표현은 한국에서와 같이 섭씨 85도가 아닌 화씨 85도를 나타내요. 섭씨 85도라면 너무 더워서 사람이 살 수 없을 거예요.

그럼 화씨 85도를 섭씨로 계산하면 얼마일까요? 다음 식으로 계산해 보면 쉽게 알 수 있어요.

$$섭씨온도(℃) = (화씨온도(℉) - 32) \times \frac{5}{9}$$
$$= (85 - 32) \times \frac{5}{9}$$
$$= 29.444\cdots$$

화씨 85도는 약 섭씨 29도가 돼요.

이 밖에도 센티미터와 인치, 킬로그램과 파운드 등의 단위 변환이 우리의 일상생활에 많이 사용되고 있답니다.

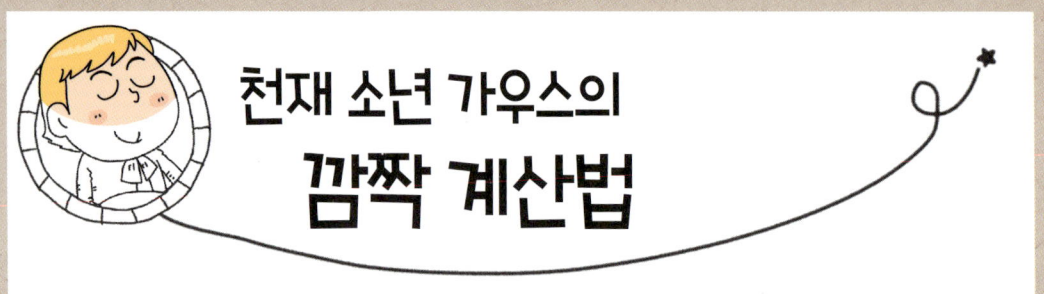

# 천재 소년 가우스의 깜짝 계산법

가우스는 아르키메데스, 뉴턴과 함께 수학의 역사상 가장 위대한 3대 수학자 중 한 명이에요. 1777년에 독일에서 태어난 가우스는 어린 시절부터 천재적인 수학 실력으로 사람들을 놀라게 했어요. 세 살 때는 아버지가 쓰는 가계부에서 계산이 틀린 곳을 발견하기도 했지요.

열 살이 된 가우스는 수업 시간에 선생님을 깜짝 놀라게 하였어요. 선생님은 학생들에게 1에서 100까지의 자연수를 더하는 문제를 냈어요. 그런데 가우스가 곧바로 자리에서 일어나 5050이라는 정답을 맞힌 거예요. 선생님은 가우스의 기발한 계산법을 보고 혀를 내두를 수밖에 없었어요.

과연 가우스는 어떤 방법으로 시간이 오래 걸리는 계산을 쉽고 빠르게 할 수 있었을까요?

# 가우스의 계산법

❶ 1에서 100까지의 숫자를 차례로 써요.
❷ 다시 반대로 100에서 1까지의 숫자를 차례로 써요.
❸ 아래와 같이 두 수를 더해 101을 만들어요.

$$1 + 2 + 3 + 4 + \cdots + 99 + 100$$
$$+\ 100 + 99 + 98 + 97 + \cdots + 2 + 1$$
$$\overline{\phantom{xxxxxxxxxxxxxxxxxxxxxxxxxxxxxxxxxxxx}}$$
$$101 + 101 + 101 + 101 + \cdots + 101 + 101$$

❹ 101이 모두 100번 만들어져요.
❺ 이렇게 하면 1에서 100까지를 두 번 더하게 된 것이므로 2로 나눠주면, 5050이라는 답을 구할 수 있어요.

$$\frac{101 \times 100}{2} = 5050$$

❻ 위와 같은 방법은 일정하게 커지는 숫자들을 더할 때 사용할 수 있어요.

$$4 + 7 + 10 + 13 + 16 + 19$$
$$+\ 19 + 16 + 13 + 10 + 7 + 4$$
$$\overline{\phantom{xxxxxxxxxxxxxxxxxxxxxxxxxxxxxx}}$$
$$23 + 23 + 23 + 23 + 23 + 23$$

3씩 커지는 숫자들의 합

$$4 + 7 + 10 + 13 + 16 + 19 = \frac{23 \times 6}{2} = 69$$

정답은 69입니다.

우리가 즐기고 열광하는 다양한 스포츠에도 수학이 숨어 있어요.
월드컵 경기의 예선인 리그전과 본선인 토너먼트의 경기 수를 구할 때는
경우의 수를, 야구 경기에서 타순을 정할 때는 할푼리를 알아야 해요.
자동차 경주에서는 속력을 구하는 것이 중요하고,
평행의 원리를 알면 당구 실력을 더 잘 발휘할 수 있지요.
야구공과 골프공을 만드는 데도 수학은 꼭 필요하답니다.
흥미진진 신 나는 스포츠 속 수학을 알아볼까요?

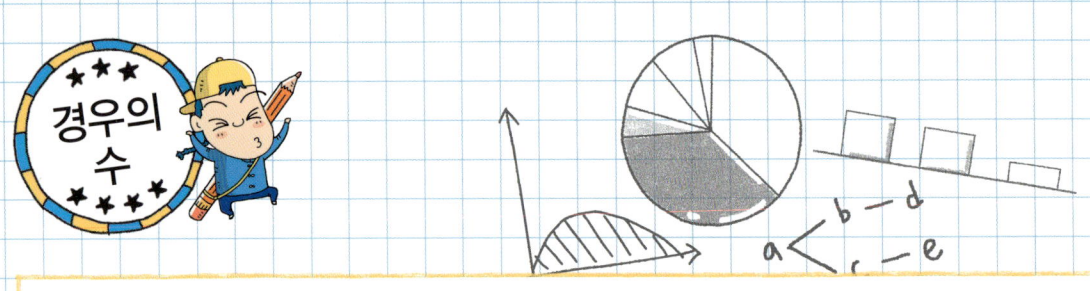

# 리그전과 토너먼트의 경기 수

2014년 브라질 월드컵의 성대한 막이 올랐습니다. 각 지역 예선을 통과하여 올라온 32개국이 본선 무대에서 승부를 겨룰 예정입니다. 상파울루, 쿠리치바 등 12개 도시에서 총 64경기가 열리게 될 이번 월드컵은 전 세계 축구 팬들의 관심을 집중시키고 있습니다. 다른 월드컵과 마찬가지로 브라질 월드컵에서도 A조에서 H조까지 총 8개의 조에 속한 32개 국가들이 리그전(경기에 참여한 팀들과 모두 한 경기씩 치루는 경기 방식)인 예선전을 통하여 16강 진출 팀을 확정하고, 16강에서부터는 토너먼트전(2팀이 승부를 겨루어 이기는 팀이 또 다른 2팀의 경기에서 이긴 팀과 겨루는 방식)으로 바뀌어 진행됩니다.

축구 강국 브라질에서 열리는 월드컵이니만큼 개최국 브라질이 월드컵 트로피를 가져가게 될지, 아니면 또 다른 국가가 그 영예를 안게 될지 여러분들도 약 한 달간의 멋진 승부를 함께 해 주십시오.

나도 펠레처럼!

토너먼트와 리그전은 각종 스포츠 경기에서 우승자를 가리는 방법으로 많이 쓰여요. 월드컵에서는 참가한 팀을 여러 조로 나누어 조별로 예선전을 치뤄요. 예선에서는 리그전 방식으로 경기를 하지요. 리그전은 경기에 참가한 모든 팀이 서로 한 번씩 경기를 치러 가장 성적이 좋은 팀 순으로 순위를 매기는 방법이에요.

그리고 리그 예선을 거쳐 성적이 좋은 16개 팀이 16강전을 벌이게 돼요. 이때부터는 토너먼트 방식으로 우승자를 가린답니다.

토너먼트는 경기에서 지면 바로 탈락하는 방식이에요. 마지막까지 지지 않고 남는 팀이 우승을 하게 되지요.

그럼 월드컵 예선에서 리그전 방식으로 열리는 경기는 몇 경기일까요?

만약 ㉮, ㉯, ㉰, ㉱, ㉲, ㉳, 6개의 팀이 리그전에 참가했다면 경기 방식은 아래와 같아요.

리그전의 경기 수는 1부터 연속하는 자연수의 합으로 계산해요. 6개 팀의 리그전 경기 수는 1부터 5까지를 차례로 더한 수와 같아요.

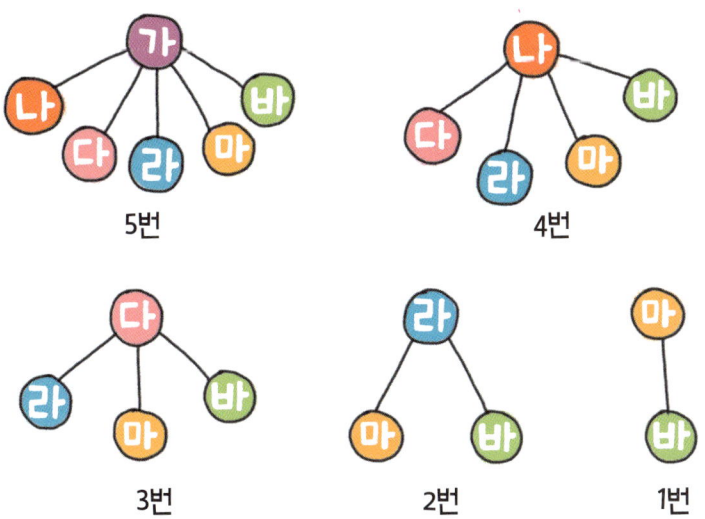

1+2+3+4+5=15번의 경기가 벌어지지요. 만약 7개의 팀이 리그전을 한다면 총 경기 수는 1+2+3+4+5+6=21번이 돼요.

이 규칙을 알면 리그전의 경기 수를 쉽게 구할 수 있어요.

> 리그전 총 경기 수=1+2+3+4+5+……+($n$-1)
> ($n$=팀 전일 때는 참가한 팀의 수, 개인전일 때는 참가한 선수의 수)

위의 식으로 월드컵 예선 32팀의 경기 수를 계산해 보면, 4팀 씩 8조로 구성되어 있으므로 총 48경기를 하게 돼요.

> A조 경기 수=1+2+3=6
> B조 경기 수=1+2+3=6
> ⋮
> H조 경기 수=1+2+3=6
> 각 조당 6경기 씩 8조 → 6×8=48경기

이렇게 월드컵 예선 경기의 '경우의 수'는 48가지예요. 경우의 수란 어떤 일이 일어날 수 있는 경우의 가짓수 또는 방법의 수를 뜻해요.

그럼 이제부터 16강 이후의 경기 수에 대해 알아볼까요? 토너먼트 방식으로 대회가 열릴 때는 대진표를 통해 경기 수를 알 수 있어요.

대진표란 경기에서 겨룰 차례를 정해 놓은 표예요. 그럼 월드컵 경기의 대진표를 볼까요?

토너먼트를 통해 벌어질 경기의 수는 총 15경기에요. 토너먼트의 경우 한 게임을 할 때마다 한 팀씩 탈락되므로 최종 승자 1팀이 남으려면

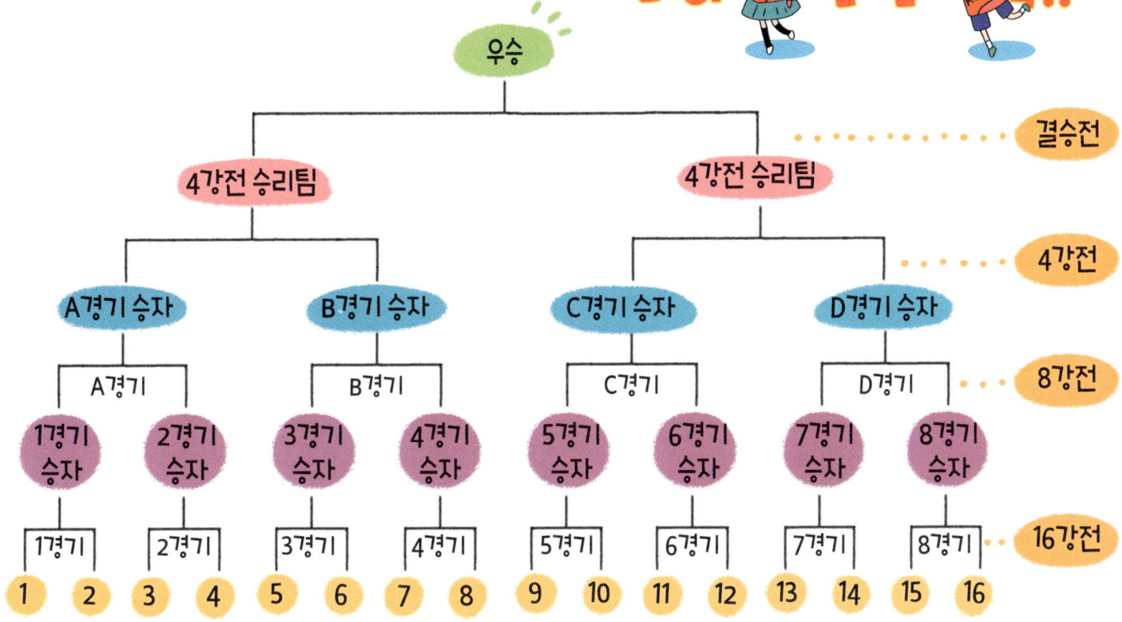

($n-1$)번의 게임을 해야 해요. 여기에 3, 4위전까지 치르게 되면 총 16경기가 되지요.

그럼 브라질 월드컵에서 벌어질 총 경기의 수는 신문에 나온 것과 같이 64경기가 되겠지요? 이처럼 경기가 어떤 방식으로 치러지는지 알고 월드컵을 본다면 더욱 재미있을 거예요.

### 알고 가자 수학 개념

**경우의 수**

어떤 일이 일어날 수 있는 경우의 가짓수 또는 방법의 수

예) 2명의 아이가 초코 아이스크림과 딸기 아이스크림 중 하나를 택해야 할 때, (2명 모두 초코나 딸기를 택할 수 있다.) 선택할 수 있는 경우의 수는 총 4가지이다.

3장 스포츠에서 수학을 찾아라! · 89

# 야구 시합 타선 정하기

프로야구 시즌이 다가오면서 가나북스 팀의 김남전 감독의 머릿속이 복잡해졌습니다. 타선을 재정비하기 위해 많은 경우의 수를 생각해 봐야 하기 때문입니다.

가나북스의 중심 타선은 타율 3할 이상의 3번 타자 임종렬 선수와 4번 타자 정상원 선수, 그리고 5번 타자 유다형 선수가 버텨주고 있어서 걱정이 없지만 하위 타선과 후보 선수를 사이에 두고 깊은 고민에 빠졌다고 합니다.

현재 8번 타자를 맡고 있는 정용민 선수가 컨디션 악화로 인해 타율 2할 2푼 3리에 그치고 있는 반면, 후보인 김태용 선수의 타율이 2할 4푼으로 오르며 좋은 모습을 보여주고 있습니다.

타율로만 보면 김태용 선수가 8번 타자를 하는 것이 맞지만 수비를 할 때 잦은 실수를 한다는 것이 큰 문제입니다.

과연 김남전 감독이 어떤 선수를 기용할지 많은 가나북스 팬들의 관심이 모아지고 있습니다.

야구 시합에서 이기기 위해서는 선발 투수의 실력과 더불어 타선이 굉장히 중요해요. 앞 선수가 출루하였을 때 다음 선수가 잘 쳐 줘야 점수를 낼 수 있기 때문이에요. 그래서 많은 야구 팀들은 발이 가장 빠른 선수를 선두 타자로 하고 그 뒤에 장타를 잘 치는 선수, 홈런을 잘 치는 선수들을 기용하고 있어요.

가나북스 야구 팀의 중심 타선은 타율 3할 이상의 세 선수들이 든든히 자기 몫을 해주고 있어요. 그럼 이때 말하는 3할 이상이란 무엇을 뜻할까요?

수학에서의 할푼리란 소수로 비율을 나타낼 때 사용하는 말이에요. 소수 첫째 자리를 할, 둘째 자리를 푼, 셋째 자리를 리라고 하지요.

야구에서 할푼리는 선수들의 타율을 나타낼 때 사용돼요. 타율이란 타자가 친 안타(홈런 포함)의 횟수를 타석에 들어선 횟수로 나눈 값을 말해요. 즉, 안타를 많이 친 선수일수록 할푼리가 높아지지요.

3할 이상이란 선수가 10번 타석에 들어섰을 때, 3번 이상의 안타를 치는 것을 말해요. 그럼 가나북스 중심 타선의 타격 실력이 얼마나 대단한지를 알 수 있지요?

김남전 감독님의 걱정은 하위 타선이에요. 지난 시즌 2할대 후반의 타율로 8번 타자 자리를 굳건히 지키고 있던 정용민 선수가 시범 경기에서의 부진으로 2할 2푼 3리에 그치는 타율을 보이고 있기 때문이에요. 그리고 그 자리를 대신할 선수로는 타율 2할 4푼의 김태용 선수가 막강해요. 하지만 정용민 선수의 변함없는 멋진 수비 실력 때문에 감독님이 고민을 하는 것이지요.

여러분이 김남전 감독님이라면 어떤 선택을 할까요?

이밖에도 야구에는 많은 수학이 쓰이고 있어요. 투수의 방어율을 나타낼 때도 수학을 사용하지요. 방어율이란 투수가 9회까지 던지는 동안 상대 팀에게 내준 점수를 말해요. 선발 투수가 경기에 나와 6회까지 2점의 점수를 내준다면 이 선수의 방어율은 얼마일까요? 비례식으로 알아봐요.

$$2:6=x:9$$
$$6\times x=2\times 9$$
$$x=3$$

이 선발 투수의 방어율을 3점이 되겠네요. 그러니 류현진 선수가 메이저리그에 가기 전인 2010년도에 기록한 1.82의 방어율이 얼마나 대단한 것인지 알겠지요? 모든 경기에서 9회까지 던졌을 때, 각 경기에서 1.82점이라는 작은 점수를 내주었다는 것이니까요.

이렇게 수학을 알고 야구 경기를 보면 재미가 2배가 된답니다.

**할푼리**
소수로 비율을 나타낼 때 사용하는 말. 소수 첫째 자리를 할, 둘째 자리를 푼, 셋째 자리를 리라고 한다.

**비례식**
비율이 같은 두 비를 등식으로 나타낸 식

속력

# 자동차 경주

최근 세계적인 스포츠 대회 중 하나인 F1 경기나 여러 차들의 특징을 보여주는 TV프로그램의 시청률이 과거에 비해 크게 늘었다고 합니다. 그만큼 사람들의 자동차에 대한 관심이 커졌다고 볼 수 있습니다. 이는 A사와 B사가 동시에 신차를 발표한 것을 통해서도 알 수 있습니다.

새 차를 구매하고자 하는 고객들은 두 차의 디자인과 성능을 비교하여 자신에게 더 잘 맞는 차를 선택하고 있습니다.

이번 특집 기사에서는 두 차를 더 잘 비교하기 위해 두 차의 최고 속력을 알아보도록 하겠습니다.

우선 A사에서 발표한 신차는 3시간에 최대 900km를 간다고 합니다. B사에서 발표한 차는 4시간에 최대 1200km를 갈 수 있다고 광고하고 있습니다. 두 차가 경주를 한다면 어떤 차가 더 빨리 결승선으로 들어올까요?

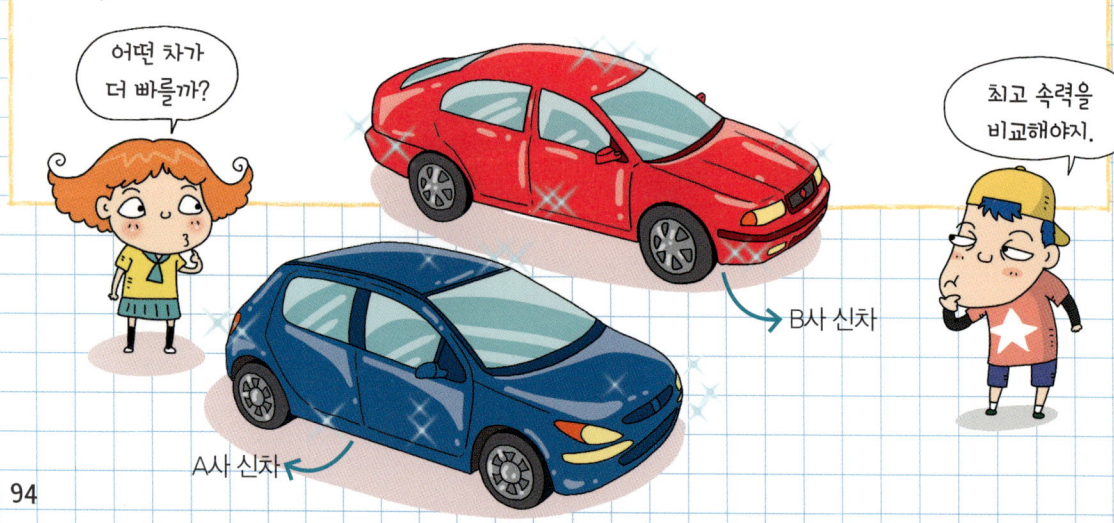

새로운 차를 구입하기 위해서는 이것저것을 잘 따져 봐야겠지요? 비싼 돈을 주고 사는 만큼 오랫동안 타야 하기 때문이에요. 잘못된 선택을 한 후에 후회해도 다시 되돌릴 수 없답니다.

여러분의 부모님께서는 차를 구입하실 때 어떤 것을 가장 많이 고민하시나요? 물론 생각하는 예산에 맞는 적절한 차 중에 몇 대를 고르고, 그 가운데 원하는 차를 고르실 거예요. 그리고 디자인도 예쁜 차를 좋아하시겠지요?

하지만 차를 선택할 때 빼 놓을 수 없는 것이 바로 성능이에요. 같은 양의 기름으로 얼마만큼 갈 수 있는지, 정지 상태에서 100km/h까지 속력을 높이는 데 얼마의 시간이 걸리는지 등 여러 가지 성능을 알아보는 것이 좋아요.

그럼 A사에서 발표한 신차와 B사에서 발표한 신차의 최고 속력을 비교해 볼까요? 신문 기사에서 제시한 정보는 기준이 되는 시간이 다르기 때문에 나와 있는 거리를 그대로 비교하면 안 돼요. 대신 속력을 구하는 식을 이용하면 두 차의 최고 속력을 쉽게 비교를 할 수 있어요. 달린 거리를 시간으로 나누어 주는 것이지요.

$$속력(km/h) = \frac{거리(km)}{시간(h)}$$

위의 식으로 A사 신차의 최고 속력을 구하면 300km/h가 돼요. 이때 단위 km/h는 한 시간에 갈 수 있는 거리를 km로 나타내는 단위예요.

$$(속력) = \frac{(거리)}{(시간)} = \frac{900km}{3h} = 300km/h$$

같은 방식으로 B사에서 나온 신차의 최고 속력을 알아볼까요?

$$(속력) = \frac{(거리)}{(시간)} = \frac{1200km}{4h} = 300km/h$$

B사 신차의 최고 속력도 300km/h로, A사의 신차와 똑같다는 것을 알 수 있어요. 그럼 A사와 B사의 신차가 경주를 한다면 동시에 결승선으로 들어오겠지요?

B사 신차
(최고 속력 300km/h)

A사 신차
(최고 속력 300km/h)

두 차의 최고 속력이 같군.

그렇다면 속력을 구하는 식을 가지고 거리와 시간을 구하는 식을 유추해 볼까요?

$$속력(km/h) = \frac{거리(km)}{시간(h)}$$

$$거리(km) = 속력(km/h) \times 시간(h)$$

$$시간(h) = \frac{거리(km)}{속력(km/h)}$$

위의 식을 이용하면 속력, 거리, 시간 중 두 개의 값만 알면 나머지 하나의 값을 구할 수 있어요.

예를 들어 평균 120km/h인 고속도로를 막힘없이 2시간 동안 운전하여 지났다면, 2시간 동안 간 거리는 얼마일까요?

$$(거리) = (속력) \times (시간) = 120km/h \times 2h = 240km$$

2시간 동안 간 거리는 240km가 돼요.

또 360km를 40km/h로 달린다면, 얼마의 시간이 걸릴까요?

$$(시간) = \frac{(거리)}{(속력)} = \frac{360km}{40km/h} = 9h$$

360km를 40km/h로 달린다면 9시간 동안 운전을 해야겠네요.

이렇게 속력을 구하는 식을 알면 여러 가지 답을 구할 수 있어요. 이러한 내용은 중학교 과학 교과서에서 더욱 자세히 배울 수 있답니다.

이것을 통해 보면, 전 세계 사람들이 열광하는 F1 경기에도 수학은 꼭 필요하겠지요? 많은 엔지니어들이 F1 경기에 출전하는 차들의 속력을 높이기 위해 끊임없는 연구를 하고 있답니다.

**알고 가자 수학 개념**

$$속력(km/h) = \frac{거리(km)}{시간(h)}$$

$$거리(km) = 속력(km/h) \times 시간(h)$$

$$시간(h) = \frac{거리(km)}{속력(km/h)}$$

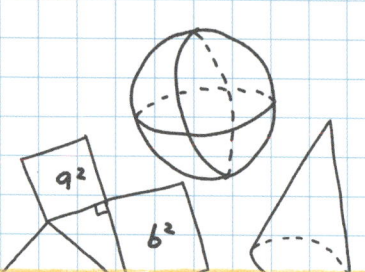

# 야구공과 골프공 모양 분석하기

매년 야구 시즌이 시작되면 많은 야구 팬들이 직장을 마치고 야구장으로 달려가기 바쁩니다. 팬들은 선수들의 움직임 하나하나에 환호와 박수를 보냅니다. 그리고 선수들이 시원하게 관중석으로 넘긴 홈런 공을 줍기라도 하면 큰 행운을 잡은 것 같지요.

야구공은 딱딱하기도 하지만 그 모양이 특이합니다. 가죽을 연결하여 108개의 솔기 처리를 한 데는 분명 이유가 있을 것입니다.

한편 미국에서는 프로골프 챔피언십이 열립니다.

골프공을 자세히 보면 움푹 파인 부분들이 있습니다. 이것은 딤플이라고 합니다. 이 딤플이 골프공 표면에 있는 것도 야구공에 솔기가 있는 것과 마찬가지로 이유가 있습니다.

이렇게 스포츠 경기에 사용되는 공들은 종목의 특징에 맞게 수학적, 과학적으로 설계되었다고 합니다.

일반적으로 공은 구를 의미해요. 반원의 지름을 회전축으로 하여 360도로 한 바퀴 돌려 얻은 회전체를 구라고 해요. 야구를 비롯하여 축구, 골프, 농구 등 대부분의 구기 종목에서 사용하는 공이 구 모양이에요. 하지만 자세히 살펴보면 완전한 구 모양이 아니라는 것을 알 수 있어요.

야구공이 다른 종목의 공과 다른 점은 강렬한 빨간색 실밥이 있다는 거예요. 이 실밥을 솔기라고 해요. 야구공에는 총 108개의 솔기가 있어요. 바로 이 모양에 과학적인 원리가 숨어 있지요.

야구공이 매끈한 구 모양이었다면, 공기의 저항을 많이 받게 되어 공의 속력이 빠르게 줄어들어요. 그러면 펜스를 멋지게 넘어갈 공이 공기의 저항을 받아 펜스 앞에서 잡힐 거예요.

투수 역시 매끈한 야구공으로 던질 때보다 솔기가 있는 야구공으로 던질 때 공의 속력이 더 빨라요.

만약 투수가 153km/h의 속력으로 야구공을 던지면, 야구공은 18.44m를 겨우 0.4초 만에 지나 타자에게 도달해요. 타자는 그 짧은 시간 안에 공을 어떻게 칠지 결정해야 하지요. 솔기는 변화구를 던질 때도 중요한 역할을 한답니다.

골프공에도 야구공의 솔기와 같은 역할을 하는 것이 있어요. 바로 딤플이에요. 딤플은 골프공 표면에 움푹 파인 홈으로, 골프공 하나당 300~500개 정도가 있어요.

골프공의 딤플은 공기의 저항을 줄여서 골프공이 멀리 날아갈 수 있게 해요. 딤플이 있는 골프공이 매끈한 골프공보다 두 배 이상 멀리 날아간다고 해요.

마지막으로 축구공에 숨어 있는 수학 원리를 찾아볼까요?

축구공하면 검은색 정오각형과 흰색 정육각형으로 이루어진 모양이 떠올라요. 이는 1970년 멕시코 월드컵의 공인구 '텔스타'부터 사용되었어요. 정오각형 12개와 정육각형 20개로 완벽한 기하학적인 형태를 만들었지요. 하지만 이는 엄밀하게 말하면 구가 아니라 다면체라고 할 수 있어요.

축구공의 모양은 정이십면체의 꼭짓점을 잘라서 만들어요. 정이십면체는 정삼각형 20개를 붙여서 만들 수 있어요. 정이십면체의 각 꼭짓점에는 5개의 정삼각형이 모여요.

이때 한 꼭짓점에 모인 5개 모서리의 3분의 1이 되는 곳들을 연결해 잘라 내면 정오각형 모양의 단면이 생겨요. 정이십면체의 모든 꼭짓점을 같은 방법으로 잘라 내면 정삼각형이던 정이십면체의 각 면은 정육각형

과 정오각형으로 변해요. 이렇게 만들어진 다면체는 구에 가까운 모양을 하고 있지요.

2002년 한일 월드컵의 공인구 '피버노바'까지 이와 같은 구조를 가진 축구공을 사용했어요. 하지만 2014년 브라질 월드컵의 공인구인 '브라주카'는 6개의 바람개비 모양 조각으로 만들어져 더욱 완벽에 가까운 구의 모습을 갖추고 있어요.

축구공은 앞으로도 더욱 둥글어질 거예요. 다음 월드컵에서는 어떤 모양의 공인구가 등장하게 될지 궁금하지요?

**구**
반원의 지름을 회전축으로 하여 360도로 한 바퀴 돌려 얻는 회전체

**입체도형**
부피를 가진 도형
예 정육면체, 구, 원기둥…

**다면체**
삼각형, 사각형, 오각형… 등의 다각형으로 둘러싸인 입체도형

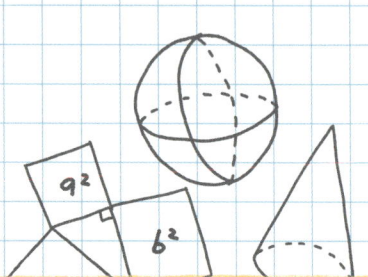

# 수학을 이용한 당구 게임

당구는 단순한 스포츠가 아닌 수학적인 사고가 필요한 레저 스포츠로, 꾸준히 많은 이들의 사랑을 받고 있습니다. 그 가운데 한 게임 업체가 당구 게임을 개발해 인기몰이 중입니다. 이 게임은 스마트폰 당구 게임 중 실제와 가장 유사한 당구 게임으로, 많은 이용자들에게 사랑을 받고 있습니다.

실제 당구와 가장 비슷한 시점으로 게임을 즐길 수 있으며, 큐 각도를 조절하여 당겨치기, 찍어치기 등의 샷을 쉽게 할 수 있는 것이 특징입니다. 이 게임을 하는 대부분의 사람들은 당구장

에서 당구를 즐기는 사람들로 나타났습니다.

게임 이용자들은 이 게임을 통해 장소에 구애를 받지 않고, 긴장감 넘치는 일대일 당구 게임을 즐길 수 있습니다.

당구는 큐라고 부르는 긴 막대기로 당구대에 있는 빨간색과 흰색의 공을 쳐서 점수를 겨루는 스포츠예요. 당구대는 가로 284.4cm, 세로 142.2cm의 직사각형 모양으로, 테두리 안쪽을 둘러싸고 있는 쿠션의 높이는 3.7cm이지요.

당구는 매우 수학적인 스포츠예요. 목표한 공을 맞추기 위해서는 각도를 정확히 재서 공을 쳐야 하기 때문이지요. 우리가 수학 시간에 배운 평행과 각도를 잘 알고 있다면 당구 게임을 더 재미있게 즐길 수 있어요.

아래 당구대를 볼까요? 당구대의 가로와 세로의 비율은 2:1이에요. 또 당구대의 모양이 직사각형이므로 마주 보는 변은 평행해요. 평행한 두 직선을 지나는 직선을 그렸을 때 서로 엇각(엇갈린 위치에 있는 각)인 A와 a의 크기는 같고, 동위각(같은 위치에 있는 각)인 B와 b의 크기가 같아요. 맞꼭지각(마주 보는 두 각)인 B와 C의 크기도 같지요.

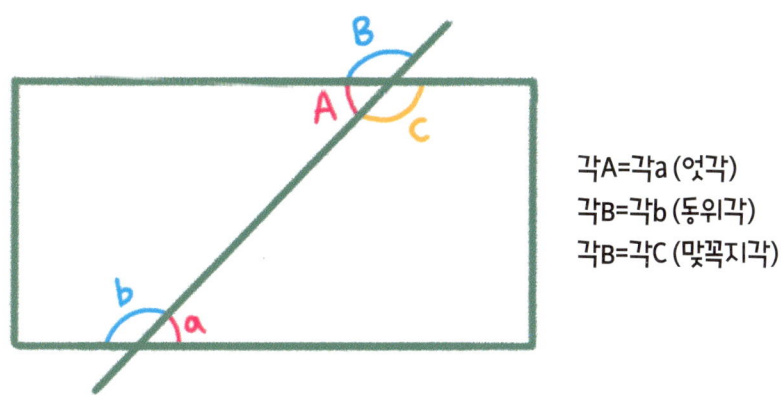

각A=각a (엇각)
각B=각b (동위각)
각B=각C (맞꼭지각)

큐로 친 공이 쿠션에 부딪힐 때의 각(입사각)과 쿠션을 맞고 반사해 나가는 각(반사각)의 크기 또한 같아요.

그러니까 입사각의 크기가 몇 도인지 알면, 당구공이 쿠션의 어느 부분에 부딪혀 어느 방향으로 나아갈 것인지 충분히 예상할 수 있어요.

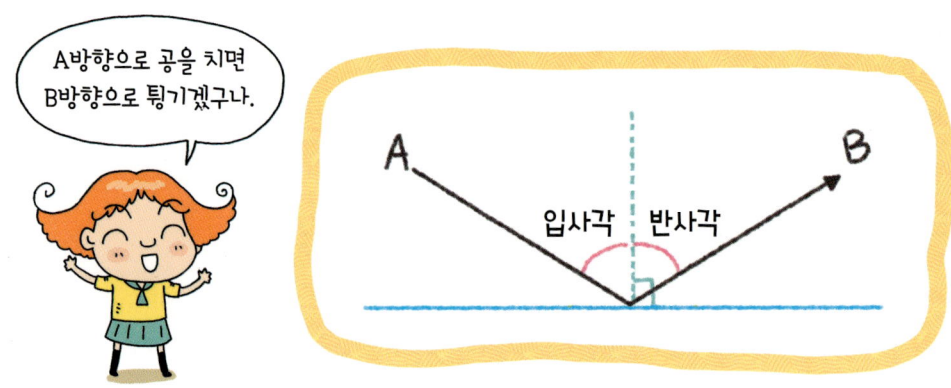

그럼 이번에는 직사각형의 당구대가 아닌 타원형의 당구대를 생각해 볼까요?

타원형의 당구대는 특이한 당구대랍니다. ㄱ점에 빨간 공을, ㄴ점에 흰 공을 두면 ㄱ점을 출발해 쿠션을 맞고 튕겨 나오는 당구공은 항상 ㄴ점에 있는 당구공을 맞추게 되기 때문이에요. 거꾸로 ㄴ점을 출발한 당구공 역시 쿠션의 어느 부분을 맞든 상관없이 무조건 ㄱ점 위에 있는 빨간 당구공을 맞추게 되지요.

이 당구대의 비밀은 무엇일까요? 답은 타원이 가지는 성질에 있어요. 타원은 다른 도형과 달리 초점을 2개 가지고 있거든요. 타원은 완전히 동그란 형태가 아니기 때문에 그릴 때 두 개의 중심점을 필요로 해요. 공이 놓인 ㄱ과 ㄴ지점이 바로 타원의 초점이지요.

공을 맞추기 위해 각도를 재야 하는 직사각형의 당구대보다 타원형 당

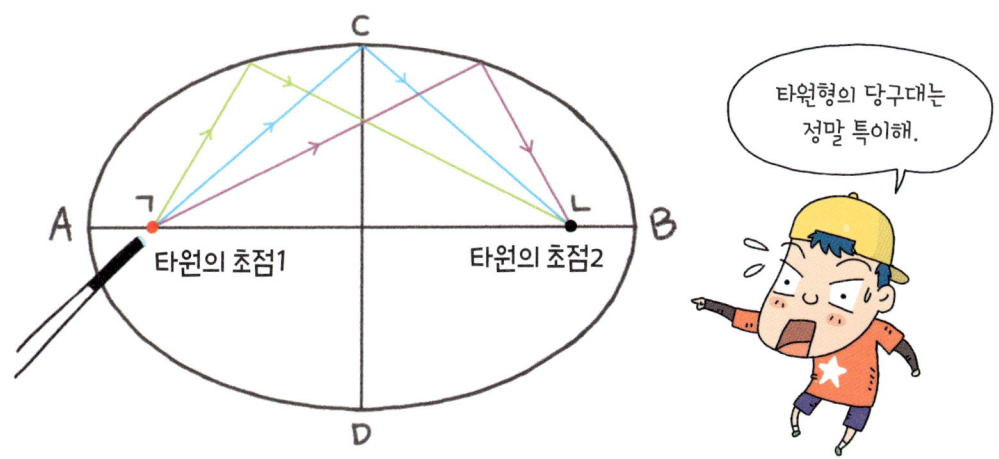

구대가 더 끌린다고요? 하지만 안타깝게도 타원형 당구대는 국제 규격에 맞지 않아 사용할 수 없답니다.

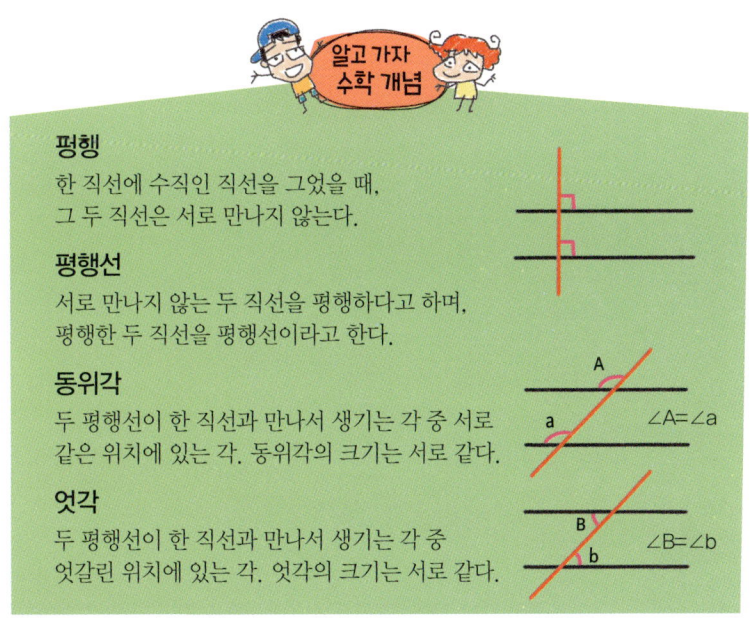

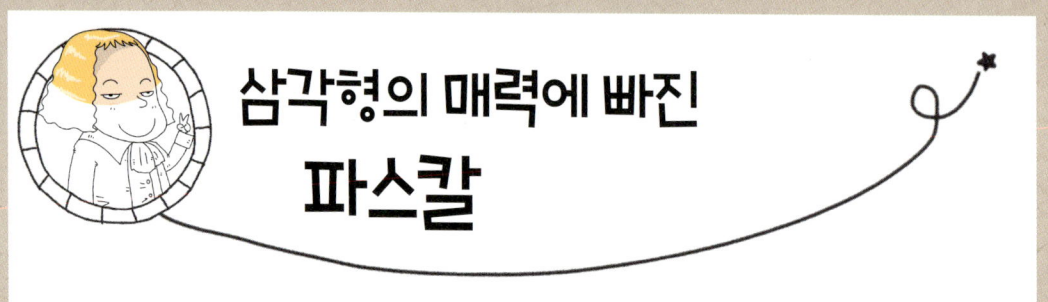

# 삼각형의 매력에 빠진
# 파스칼

파스칼은 1600년대에 살았던 사상가이자 수학자예요. 그는 어린 시절부터 수학 공부를 좋아했어요.

파스칼은 열두 살에 삼각형 세 각의 크기의 합이 180도임을 증명했어요. 대부분의 학생들이 도형과 관련된 기하학을 어려워 하는데 이와 반대로 파스칼은 고대 그리스의 기하학을 집대성한 유클리드의 〈원론〉이란 책을 혼자 공부했다고 해요.

사실 삼각형 세 각의 크기의 합이 180도임을 증명한 최초의 수학자는 고대 그리스 시대에 살았던 탈레스예요. 그런데 파스칼은 자신만의 방법으로 이 사실을 증명했기 때문에 유명해졌지요.

파스칼은 종이를 찢어 붙이는 방법을 사용했어요. 삼각형 모양의 종이를 잘라 세 각을 한 점에 모이도록 이어 붙이면 직선이 돼요. 이를 통해 삼각형 세 각의 크기의 합이 180도임을 알 수 있지요.

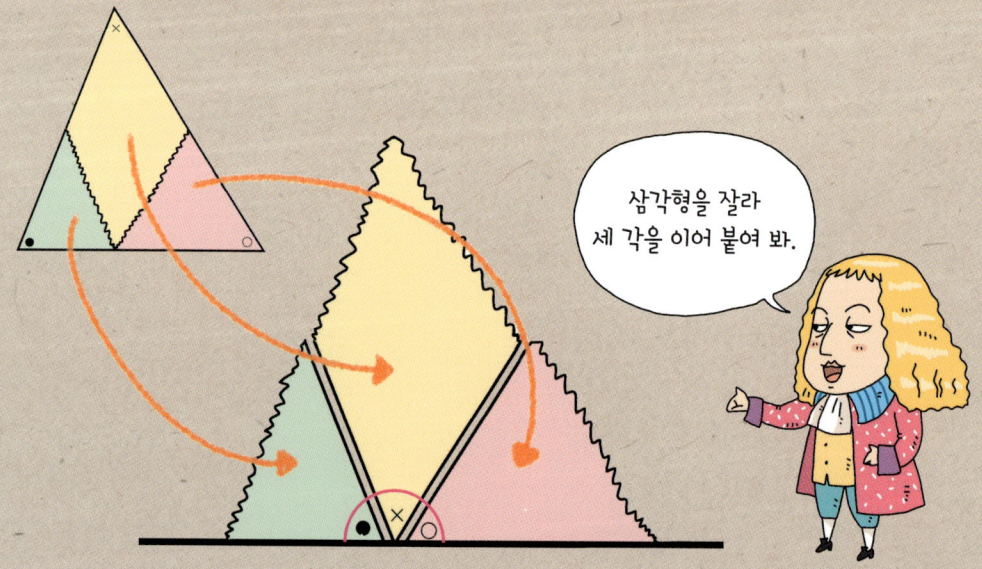

삼각형을 잘라 세 각을 이어 붙여 봐.

파스칼의 방법처럼 종이를 찢어 붙이는 방법 말고도 좀 더 쉽게 삼각형의 세 각의 크기의 합이 180도임을 증명하는 방법이 있어요. 삼각형을 아래 그림처럼 접어서 직사각형을 만들면 삼각형의 세 각이 모여 180도가 됨을 알 수 있지요. 삼각형은 어떤 모양이던지 세 각의 크기의 합이 항상 180도랍니다.

이 사실을 통해 다양한 다각형들의 각도 계산할 수 있어요. 사각형은 두 개의 삼각형으로 자를 수 있으니까 사각형의 네 각의 크기의 합은 180×2=360도이고, 오각형은 세 개의 삼각형으로 자를 수 있으니까 오각형의 다섯 각의 크기의 합은 180×3=540도가 되는 것이지요.

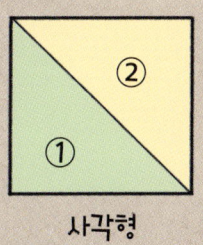
사각형

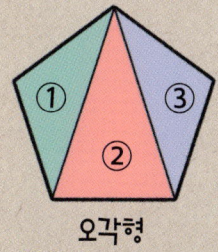
오각형

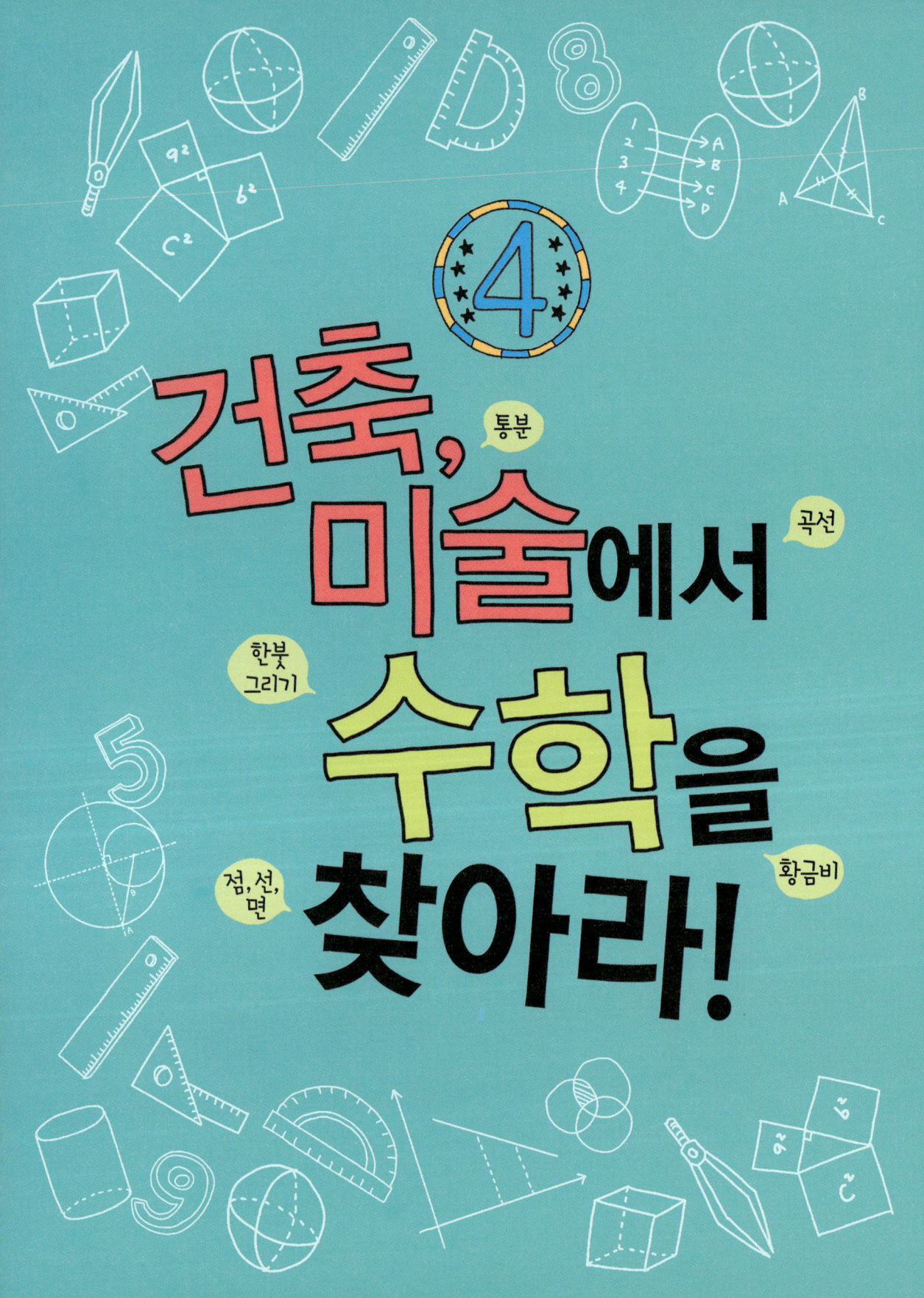

오랜 옛날부터 많은 사람들은 수학을 공부했어요.
지금까지 남아 있는 여러 건축물과 예술 작품을 보면 알 수 있지요.
창덕궁과 파르테논 신전은 직선과 곡선,
황금비를 이용하여 만들어진 건축물이에요.
점, 선, 면을 이용한 점묘법으로 표현된 고흐와 쇠라의 그림도
훌륭한 작품으로 우리 곁에 남아 있어요.
그럼 여러 건축물과 예술 작품 속에 숨어 있는 수학을 찾아볼까요?

 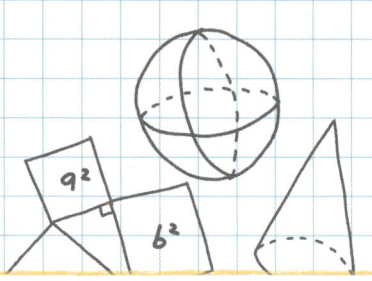

# 창덕궁의 기와지붕

단풍이 물들어 갈 즈음에는 고궁 나들이를 하는 사람들이 많아집니다. 잘 가꾸어진 정원의 붉은 단풍과 단아한 미를 뽐내는 고궁이 아주 잘 어울려 아름답기 때문이 아닐까 하는 생각이 듭니다.

그중에서도 창덕궁의 후원이라고 하는 정원에는 왕실의 도서관이었던 규장각과 영화당, 주합루, 영춘루, 소요정, 태극정 등의 아름다운 정자와 연못이 있습니다.

왕과 왕비가 된양 정원을 거닐며 우리 조상들의 건축물을 감상하노라면 기와지붕을 이루고 있는 곡선의 아름다움을 볼 수 있습니다. 오랜 세월 동안 집의 기둥을 이루는 나무가 썩지 않고 비가 와도 집에 물이 스미지 않도록 한 기와지붕에서 우리 조상들의 수학적 지혜를 엿볼 수 있습니다.

과연 우리의 조상들은 아름다움만을 위해서 진흙으로 기와지붕을 만들었을까요?

기와지붕은 아름다운 곡선을 이루어요. 직선은 긴장감을 주지만 곡선은 편안함을 주지요. 이는 그 안에 거주하는 사람이 편안하기를 기원하는 조상들의 마음이었을지도 모릅니다. 그러나 기와지붕을 좀 더 자세히 살펴보면 우리 조상들의 수학적 지혜를 볼 수 있어요.

우리 조상들은 자연에서부터 소재를 찾아 집을 지었어요. 기둥은 주로 나무를 이용하였고 벽은 황토를 이겨서 만들었지요.

가만히 생각해 보면 그리 지혜로워 보이지 않지요? 나무나 황토는 모두 물에 약하니까요. 장마가 긴 우리나라에서 물에 약한 재료로 집을 지었다는 것은 이해가 안 될 수 있어요. 그러나 이러한 단점을 확실히 보완해 주는 것이 바로 기와지붕이에요.

기와지붕의 곡선은 '사이클로이드 곡선'을 이루고 있어요. 사이클로이드 곡선은 어떤 물건을 떨어뜨렸을 때 가장 빠른 시간 내에 바닥으로 떨어지는 굴곡으로 되어 있는 곡선을 말해요.

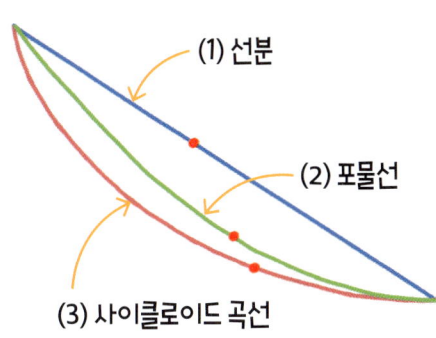

옆의 (1), (2), (3) 중에서 어떤 곡선에 공을 떨어뜨리면 가장 빨리 땅에 떨어질까요?

많은 친구들이 (1)번이라고 생각할 수 있어요. 하지만 실제로 실험을 해 보면 (3)번에 떨어뜨린 공이 가장 빨리 떨어져요.

(3)번의 곡선이 바로 사이클로이드 곡선이지요.

빗방울이 지붕에 떨어졌다고 해 봅시다. 기와지붕이 사이클로이드 곡선을 하고 있으니 빗방울이 최단 시간에 지붕에서 떨어지겠지요? 이렇게 함으로써 우리 조상들은 나무와 흙으로 지어진 집을 보호할 수 있었던 것입니다.

그렇다면 사이클로이드 곡선은 어떻게 그릴 수 있을까요? 사이클로이드 곡선은 원을 굴렸을 때 원주 위의 한 점이 그리는 곡선이에요.

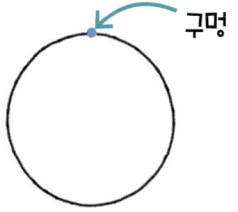

❶ 원을 그려 원주의 한 점에 구멍을 뚫는다.

❷ 구멍에 연필을 끼우고 원을 한 바퀴 돌리며 곡선을 그린다.

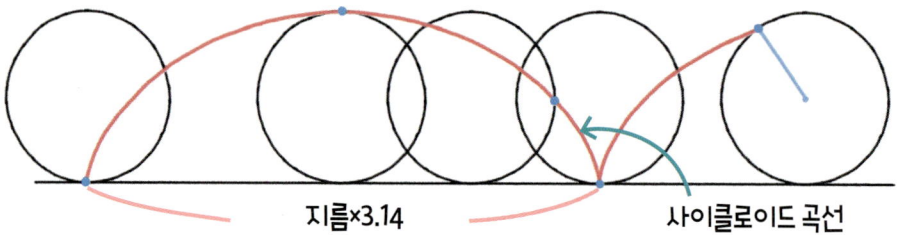

놀이동산의 88열차는 스릴감을 주기 위해 사이클로이드 곡선을 이용하여 최대한 빨리 떨어지도록 한 놀이 기구예요. 그리고 워터파크의 미끄럼틀도 사이클로이드 곡선을 이용하여 미끄럼틀을 이용하는 사람이 최대한 빨리 내려올 수 있도록 해준답니다.

**알고 가자 수학 개념**

**곡선**
점과 점을 이었을 때 곧지 않고 굽은 선

**사이클로이드 곡선**
어떤 물건을 떨어뜨렸을 때 가장 빠른 시간 내에 바닥으로 떨어지는 굴곡으로 되어 있는 곡선

점, 선, 면

# 점을 모아 그린 그림

반 고흐의 전시회가 서울 예술의 전당에서 열렸습니다. 이번 전시회에는 암스테르담 반 고흐 미술관의 소장 작품을 중심으로 유화작품 60여 점이 전시되었습니다.

네덜란드의 화가인 고흐는 28세에 그림을 시작해서 37세가 되던 해인 1890년에 세상을 떠났습니다. 10년 동안 900여 작품을 남긴 것으로 보아 그가 얼마나 열심히 작품에 매진했는지 알 수 있습니다.

짧은 세월 동안 반 고흐가 미술 세계에 남긴 흔적은 대단합니다. 반 고흐는 한때 쇠라의 점묘기법을 약간 변형시켜 선으로 작품을 표현했습니다.

쇠라는 작은 점을 찍어서 면을 채우고 색의 채도와 명암을 이용하여 입체감과 원근감을 나타

내었습니다.

쇠라와 반 고흐는 신인상주의 화가로 불립니다. 그들이 사용한 표현 기법에는 수학의 원리가 숨어 있어 그들의 작품을 보는 묘미를 더해줍니다.

114

점묘법은 다양한 색의 작은 점을 이용하여 표현하는 그리기 기법이에요. 점을 이어서 선을 그리고, 선을 그려서 면을 채우고, 면을 채워서 공간을 표현하지요.

수학에서 점은 위치만을 가지고 있으며 수많은 점들이 모여 선분을 이루어요. 우리가 아래와 같은 수직선을 그릴 수 있는 것은 바로 그 수직선 위에 무수히 많은 점을 찍었다는 것을 의미하지요. 이렇게 점들이 무수히 모이면 선분이 되기도 하고 면이 되기도 해요.

그럼 이제 원의 정의를 살펴볼까요?

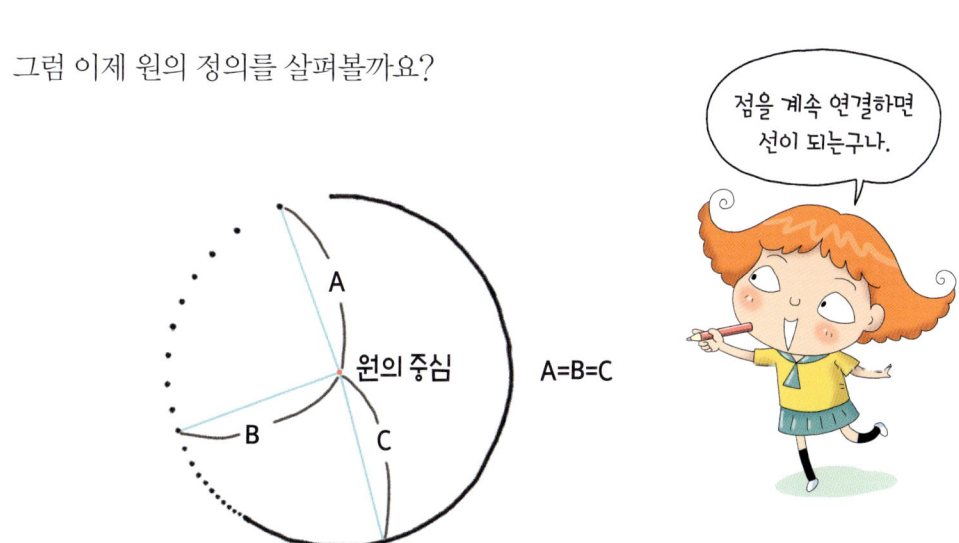

**원 : 평면 위에 한 점(원의 중심)에서 같은 거리에 있는 점이 모여서 만든 곡선**

이를 통해 모든 도형은 점에서부터 만들어진다는 사실을 알 수 있어요. 쇠라와 고흐는 이런 원리를 이용하였지요.

쇠라는 점묘법을 사용한 대표적인 화가예요. 그는 〈그랑드 자트 섬의 일요일 오후〉라는 그림을 그리는 데 무려 3년 동안이나 점을 찍었어요. 미세한 점을 찍어서 작품을 표현한 것이지요. 쇠라의 작품은 멀리서 보면 점을 찍었다는 생각을 못할 정도로 입체감까지 잘 표현되어 있답니다.

〈그랑드 자트 섬의 일요일 오후〉

쇠라는 훌륭한 사진작가이기도 했어요. 가만히 생각하면 사진과 점묘법은 밀접한 관계를 가지고 있어요. 디지털 카메라의 성능에 대해 설명을 들을 때 1300만 화소, 2000만 화소와 같이 화소라는 말을 들어 보았지요?

1300만 화소라는 것은 1픽셀(가로와 세로의 길이 0.035cm의 넓이)에 1300만 개의 점이 찍혀서 표현된다는 것이에요. 2000만 화소는 1픽셀에 2000만 개의 점이 찍히는 것이지요. 1300만 화소의 사진을 크게 확대해 보면 점들이 확대되어 약간 깨진 듯한 느낌을 받을 수 있어요.

이에 반해 2000만 화소의 사진은 깨진 느낌이 덜해요. 그만큼 점이 작

<별이 빛나는 밤>

고 촘촘하게 찍혀 있어서 그것이 조금 확대되도 사람의 눈으로 구별하기 어려워요.

반 고흐는 점묘법을 조금 변형시켜 점이 모여서 만들어진 선으로 작품을 표현했어요. 짧은 선을 이용하기도 하고 때로는 긴 선을 이용하기도 했지요.

점을 이용한 그림은 정적인 느낌을 주는 반면 선을 이용한 그림은 동적인 느낌을 주어요. 고흐는 면을 칠하지 않고 선을 이용하여 면을 표현하고 공간을 표현했답니다.

**점**
위치만 있고 길이와 넓이가 없는 것

**선분**
직선 위에서 두 점 사이의 한정된 부분

**면**
길이와 너비를 가진 이차원의 연속체

**점, 선, 면의 관계**
선은 무수히 많은 점으로 이루어져 있고, 면은 무수히 많은 선으로 이루어져 있다.

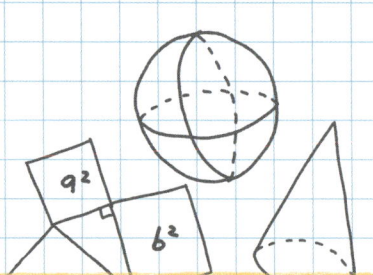

# 쾨니히스베르크의 다리 건너기

많은 관광객이 쾨니히스베르크(지금의 러시아 칼리닌그라드)의 7개의 다리를 건너며 아름다운 경치를 즐기고 있습니다.

그런데 많은 사람들이 같은 다리를 두 번 건너지 않으면서 모든 다리를 전부 건너는 방법이 없는지 현지 관광 안내소에 문의를 한다고 합니다.

이는 이미 1700년대에 살았던 오일러라는 수학자에 의해 불가능하다는 것이 밝혀졌습니다. 그래서 현지 관광 안

내소에서는 많은 관광객의 궁금증을 해결해 주기 위해 공식 홈페이지에 오일러가 증명한 쾨니히스베르크의 7개의 다리에 관한 글을 올렸다고 합니다. 7개의 다리를 모두 건너기 위해서는 같은 다리를 여러 번 건너야 하는 불편함이 있지만 다리 주변의 아름다운 경관은 그 불편함을 잊게 해 준다고 합니다.

러시아의 쾨니히스베르크라는 마을은 독일의 저명한 철학자 임마누엘 칸트가 살았던 곳으로 유명해요. 쾨니히스베르크를 가로지르는 프레겔 강에는 다리가 7개 놓여 있어요. 오래전부터 사람들은 프레겔 강 주변의 다리를 산책하며 같은 다리를 두 번 건너지 않으면서 모든 다리를 전부 건너는 방법에 관심을 가졌다고 해요.

이 문제를 풀어 본 많은 사람들은 이렇게 건너기가 불가능하다는 것을 알았지만 왜 그런지는 수학적으로 증명하지 못했지요. 이를 정확히 증명한 사람은 1700년대에 살았던 레온하르트 오일러라는 수학자였답니다.

오일러는 '땅을 점으로, 다리를 선분으로' 표현하는 발상의 전환을 통해 문제를 해결했어요. 강의 북쪽과 남쪽, 동쪽 그리고 섬을 점으로 표시하고 다리를 선으로 표시한 거예요.

**4장 건축, 미술에서 수학을 찾아라!**

이 그림의 한 점에서 출발하여 연필을 떼지 않고 모든 선분을 한 번씩 지나가도록 그림을 그릴 수 있으면 같은 다리를 두 번 건너지 않는 산책 코스가 완성되겠지요? 이렇게 연필을 떼지 않고 그림을 그리는 방법을 '한붓그리기'라고 해요. 그런데 오일러는 쾨니히스베르크의 다리를 한붓그리기로 그릴 수 없다고 했어요. 왜 그럴까요?

도형의 한 점에 모이는 선의 개수가 2개, 4개, 6개… 등 짝수면 '짝수점'이라고 하고, 도형의 한 점에 모이는 선의 개수가 1개, 3개, 5개… 등 홀수면 '홀수점'이라고 해요.

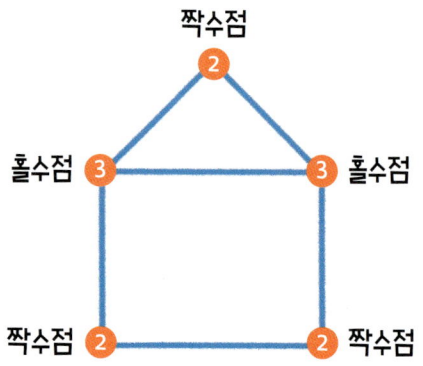

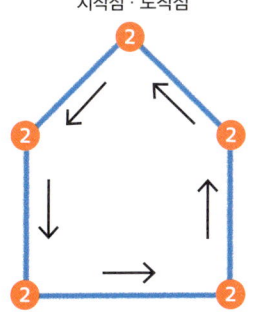 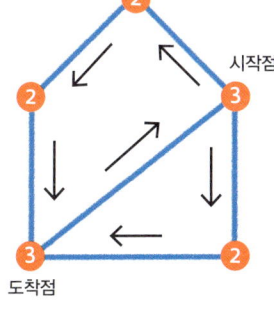 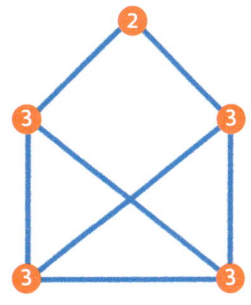

모든 점이 짝수점이면 한붓그리기가 가능해요.

홀수점이 2개 있으면 한붓그리기가 가능해요.

홀수점이 4개 이상이면 한붓그리기를 할 수 없어요.

 오일러는 증명을 통해 한붓그리기에 대해 이렇게 정리했어요. "도형의 모든 점이 짝수점이면 어느 점에서 시작해도 한붓그리기를 할 수 있다. 또 도형의 점 중 홀수점이 2개 있으면 반드시 홀수점에서 시작하고 나머지 홀수점에서 끝나는 한붓그리기를 할 수 있다. 그러나 도형의 점 중 홀수점이 4개 이상 있으면 한붓그리기를 할 수 없다."

 따라서 쾨니히스베르크의 다리는 홀수점이 4개이기 때문에 다리를 한 번씩 건너는 방법은 없다고 결론지었던 거예요. 이렇게 오일러로부터 시작된 한붓그리기는 '그래프 이론'이라는 수학의 한 분야로 자리 잡았어요.

### 한붓그리기
주어진 도형을 그릴 때 종이에서 붓을 한 번도 떼지 않고 같은 선 위를 두 번 지나가지 않도록 그리는 것

# 디오판토스가 묘비에 남긴 수수께끼

"호랑이는 죽어서 가죽을 남기고 사람은 죽어서 이름을 남긴다."라는 속담이 있습니다. 사람들은 훌륭한 업적을 남긴 사람의 이름을 기억한다는 뜻입니다.

그리스의 수학자인 디오판토스는 묘비에 자신의 업적을 새겨 이름을 남겼습니다. 방정식 연구에 일생을 바친 수학자답게 디오판토스의 묘비에는 다음과 같은 글이 새겨져 있습니다.

"디오판토스는 일생의 $\frac{1}{6}$은 소년으로 지냈고, $\frac{1}{12}$은 청년으로 보냈다. 그 뒤 다시 일생의 $\frac{1}{7}$을 혼자 살다가 결혼하여 5년 후에 아들을 낳았다. 그의 아들은 아버지 일생의 $\frac{1}{2}$만큼 살다 죽었으며, 아들이 죽고 난 4년 후에 디오판토스는 일생을 마쳤다."

사람들은 그가 몇 살까지 살았는지를 알기 위해서 머리를 맞대고 방정식 문제를 풀었다고 합니다.

디오판토스는 죽어서도 묘비에 방정식 문제를 적어 놓았어요. 후대 사람들이 문제를 풀면서 자연스럽게 방정식을 이해하게 하고 싶었나 봐요.

그럼 묘비의 문제를 풀면서 디오판토스가 몇 살까지 살았는지 알아볼까요?

문제를 보니 분수가 포함된 복잡한 식 같지요? 하지만 그림을 이용하면 어렵지 않게 문제를 풀 수 있어요. 먼저 그림을 그리기 전에 문제의 내용을 정리해 봐요.

> 소년 시절 : 일생의 $\frac{1}{6}$
> 청년 시절 : 일생의 $\frac{1}{12}$
> 혼자 산 기간 : 일생의 $\frac{1}{7}$
> 결혼 후 아들을 낳을 때까지의 시간 : 5년
> 아들과 함께 살았던 시절 : 일생의 $\frac{1}{2}$
> 아들이 죽은 후 사망할 때까지의 기간 : 4년

수수께끼를 풀어봐~.

이 문제에서는 $\frac{1}{6}$, $\frac{1}{12}$, $\frac{1}{7}$, $\frac{1}{2}$ 라는 분수가 나와요. 이 분수들을 통분하는 것이 이 문제를 해결하기 위한 첫 번째 과정이에요. '통분'이란 여러 분수의 분모를 같은 수로 만드는 것을 말해요. 각 분수의 분모 6, 12, 7, 2의 최소공배수가 통분한 분모, 즉 공통분모가 되지요. '최소공배수'란 공배수 중에서 가장 작은 수를 뜻해요. 그럼 6, 12, 7, 2의 최소공배수를 구해 볼까요?

4장 건축, 미술에서 수학을 찾아라! · 123

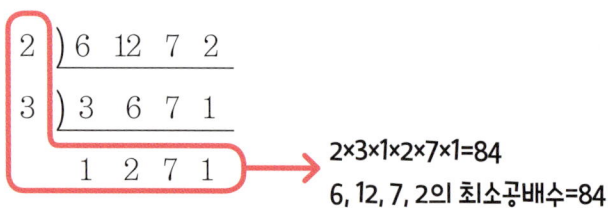

6, 12, 7, 2의 최소공배수는 84예요. 이를 이용하여 각 분수를 분모가 84인 분수로 고치면 다음과 같아요.

$$\frac{1}{6} \to \frac{14}{84} \quad \frac{1}{12} \to \frac{7}{84} \quad \frac{1}{7} \to \frac{12}{84} \quad \frac{1}{2} \to \frac{42}{84}$$

이것을 84개의 칸에 색을 칠하여 나타내 볼까요?

84개의 칸이 모두 채워지지 않고 9칸이 남았지요? 이는 디오판토스가 결혼 후 아들을 낳을 때까지의 기간인 5년과 아들이 죽은 후 사망할 때까지의 기간인 4년을 나타내요. 1칸이 1년이 되는 것이지요. 우리는 이를 통해 디오판토스가 84살까지 살았다는 것을 알 수 있어요.

그럼 또 다른 예를 들어 볼까요?

학이와 수아, 그리고 철호가 여행을 떠났어요. 한밤중에 배가 고파진 학이가 가지고 온 고구마의 $\frac{1}{3}$을 먹었어요. 뒤를 이어 수아가 전체의 $\frac{1}{4}$을 먹었지요. 뒤늦게 일어난 철호가 고구마를 먹으려고 하니 5개의 고구마가 남아 있었어요. 세 친구가 가져온 고구마는 전부 몇 개였을까요?

$\frac{1}{3}$과 $\frac{1}{4}$을 3과 4의 최소공배수 12로 통분하면 $\frac{4}{12}$와 $\frac{3}{12}$이 돼요. 이를 그림으로 나타내면 다음과 같아요.

색이 칠해져 있지 않은 칸이 5개네요. 이는 철호가 본 5개의 고구마를 의미해요. 그러니 세 친구가 가지고 온 고구마의 개수는 12개가 되지요.

이렇듯 여러 개의 분수가 나오면 혼란스러울 수 있지만, 통분을 알면 쉽게 문제를 해결할 수 있답니다.

알고 가자 수학 개념

**통분**
분수의 분모를 같은 수로 만드는 것
예 $\frac{1}{2}$과 $\frac{1}{3}$을 통분하면, $\frac{3}{6}$과 $\frac{2}{6}$이 된다.

**최소공배수**
공배수 중에서 가장 작은 수
예 2의 배수: 2, 4, 6, 8, 10, 12…
3의 배수: 3, 6, 9, 12…
2와 3의 최소공배수: 6

4장 건축, 미술에서 수학을 찾아라! · 125

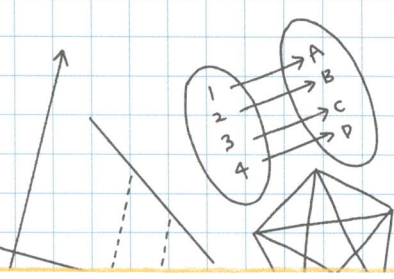

# 파르테논 신전의 황금비

여름 방학을 맞이하여 세계 문화유산 답사를 위해 많은 학생들이 외국으로 떠나느라 공항이 복잡합니다.
그럼 세계 문화유산 1호는 무엇일까요? 바로 그리스의 아테나 언덕 아크로폴리스에 위치한 파르테논 신전입니다. 아크로폴리스는 높은 곳에 있는 도시라는 뜻으로 성스러운 곳이라는 의미를 지니고 있으며, 그 의미와 어울리게 언덕의 중심에는 종교적, 정치적 중심지인 파르테논 신전이 있습니다. 파르테논 신전은 세계에서 가장 아름다운 건축물로 손꼽히고 있습니다.
특히 파르테논 신전이 아름다워 보이는 것은 이 신전이 완벽하고 아름다운 비율을 품고 있기 때문이라고 합니다. 건물뿐만 아니라 여러 사물들도 황금비를 이루고 있으면 아름답고 오래 보아도 질리지 않는다고 합니다.

황금비로 지어져 이렇게 아름다운 거구나.

기원전 5세기에 지어진 파르테논 신전의 아름다움의 비결은 바로 '황금비'라고 해요. 황금비란 주어진 두 길이가 대략 1:1.618의 이상적인 비를 이루는 것을 말해요. 황금비는 파르테논 신전을 아름답게 보이게 할 뿐만 아니라 안정적으로 보이게도 하지요.

그럼 황금비를 그림으로 설명을 해 볼까요?

일단 가로, 세로가 같은 정사각형을 하나 그립니다. 그리고 정사각형의 한 변 ㄴㄷ의 중점을 ㅅ이라고 하고 선분 ㄹㅅ을 반지름으로 하는 원을 그려요. 이때 원이 지나는 선과 변 ㄴㄷ의 연장선이 만나는 점을 ㅂ이라고 하면, 변 ㄱㄴ과 변 ㄴㅂ의 비는 1:1.618로 황금비가 돼요.

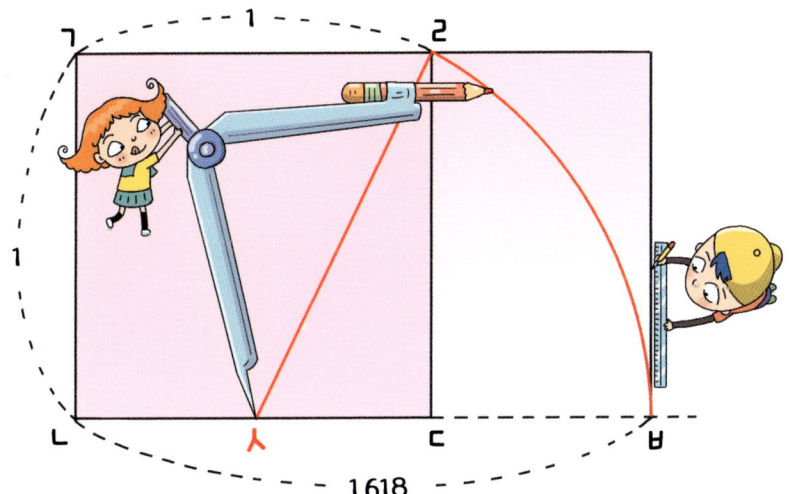

이러한 비율이 파르테논 신전에 숨어 있어요. 그렇다면 파르테논 신전의 어느 부분에 황금비가 숨어 있는지 찾아볼까요?

바로 파르테논 신전 정면의 사각형들이 1:1.618의 황금비를 이루고 있어요.

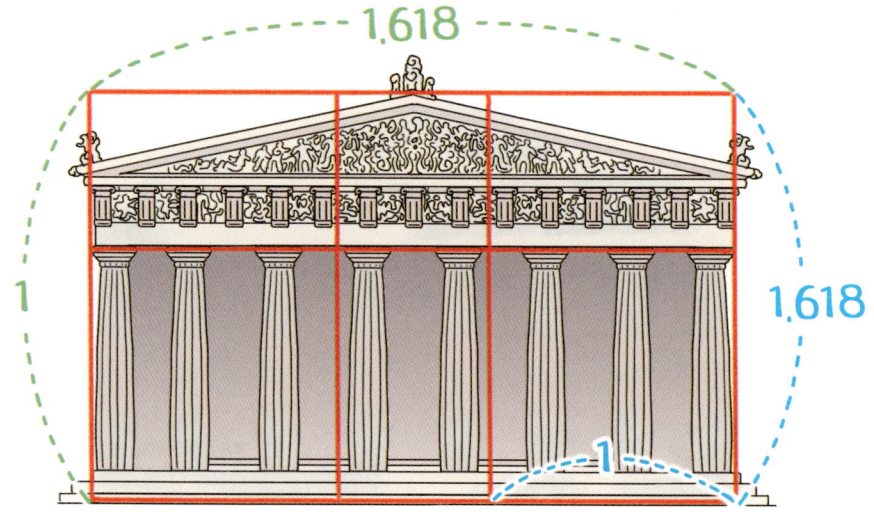

황금비는 파르테논 신전뿐만 아니라 피라미드에서도 볼 수 있어요.

피라미드는 사각뿔이에요. 피라미드 사각뿔의 높이 ㅁㅇ과 옆면의 선분 ㅁㅂ의 길이의 비는 1:1.1616으로 황금비에 가까워요.

정오각형 모양의 미국 국방부 본부 건물 펜타곤에도 황금비가 숨어 있어요. 정오각형은 대각선이 이루는 별의 짧은 부분과 긴 부분의 비율이 약 1:1.618이에요.

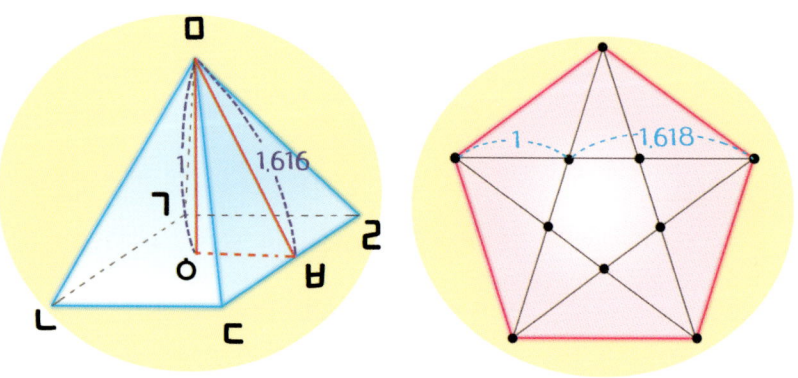

이뿐만 아니라 황금비는 현대의 생활에서도 많이 쓰이고 있어요. 신용카드나 와이드 화면 모니터 등이 바로 황금비에 가깝게 이루어져 있지요.

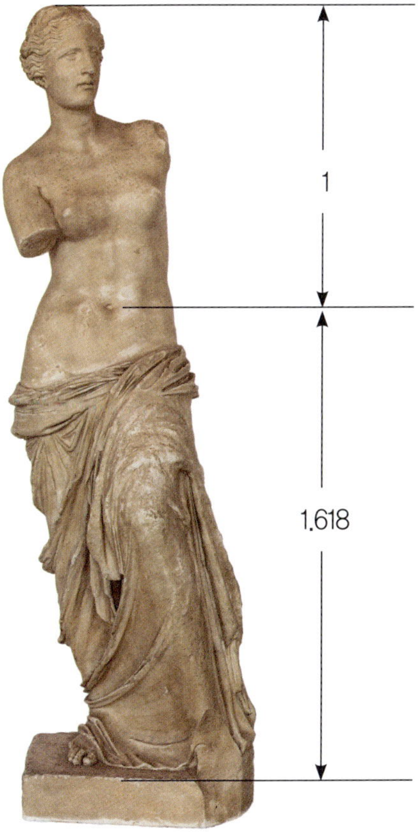

### 황금비
길이를 가장 이상적으로 나누는 비율. 주어진 두 길이가 대략 1:1.618의 비율로 이루어진다.

4장 건축, 미술에서 수학을 찾아라! · 129

# 나일 강의 홍수가 탄생시킨 기하학

아프리카 북쪽은 기후가 덥고 사막이 많은 곳으로, 옛날에는 지금과 달리 밀 농사를 많이 지었어요. 로마 시대에는 아프리카 북쪽에서 수확한 밀로 유럽 사람들을 먹여 살릴 정도였지요. 이렇게 농사가 잘 된 이유는 나일 강 때문이에요.

이집트의 나일 강은 아프리카 적도 부근의 깊숙한 골짜기에서 시작하여 지중해로 흘러들어 가요. 그 과정에서 나일 강은 농사를 짓기 위해 꼭 필요한 양분과 물을 이집트 사람들에게 제공하지요.

해마다 나일 강 상류 지방의 눈이 녹을 무렵이면 엄청난 양의 물이 하류로 흘러들어 홍수를 일으켰어요. 이때 상류 지방의 기름진 흙이 강물에 휩쓸려 함께 내려왔지요. 그래서 홍수가 끝난 뒤에는 기름진 흙이 쌓여 농사에 큰 도움을 주었어요. 나일 강의 홍수는 피해를 주는 재난인 동시에 농사를 위한 축복이었지요.

고대 이집트 사람들은 나일 강의 범람 시기를 정확히 알아내어, 그 피해를 최소한으로 줄이려고 노력했어요. 그들은 태양, 달, 별 등 천체의 움직임에 대해 오랫동안 연구했어요. 그 결과 1년의 길이가 365일과 4분의 1일임을 알아냈지요. 이를 이용해 달력도 처음으로 만들었어요. 이것이 이집트에서 천문학이 발달한 이유랍니다.

고대 이집트에서 수학이 발달한 이유 역시 나일 강과 관련이 있어요. 그 당시 이집트의 왕인 파라오는 추수가 끝나면 백성들에게서 세금을 걷었어요. 홍수로 인해 농작물이 피해를 입은 경우에는 그 피해 정도를 계산하여 세금을 줄여 주었지요. 이때 정확히 세금을 매기기 위해 수학이 발달한 것이에요.

그런데 세금을 매길 때 문제가 생겼어요. 매년 나일 강의 홍수와 함께 떠내려 온 흙이 농토의 경계선을 지워 버렸기 때문이에요. 홍수가 난 뒤에는 농토의 경계선이 어디인지를 놓고 백성들 사이에 싸움이 자주 일어났어요. 게다가 누구의 땅인지 모르니 세금을 매기기도 어려웠지요. 그래서 이집트에서는 농토의 경계선을 원래대로 다시 긋기 위한 측량술 또한 발달했답니다.

도형에 관한 여러 가지 성질을 연구하는 기하학은 바로 여기에서 출발했어요. 기하학은 영어로 'geometry'라고 해요.

geometry(기하학)=geo(토지)+metry(측량)

즉, 기하학은 땅을 측량하는 학문에서 출발했다는 말이에요. 이처럼 고대 사회에서의 수학은 농사와 밀접한 관계가 있었답니다.

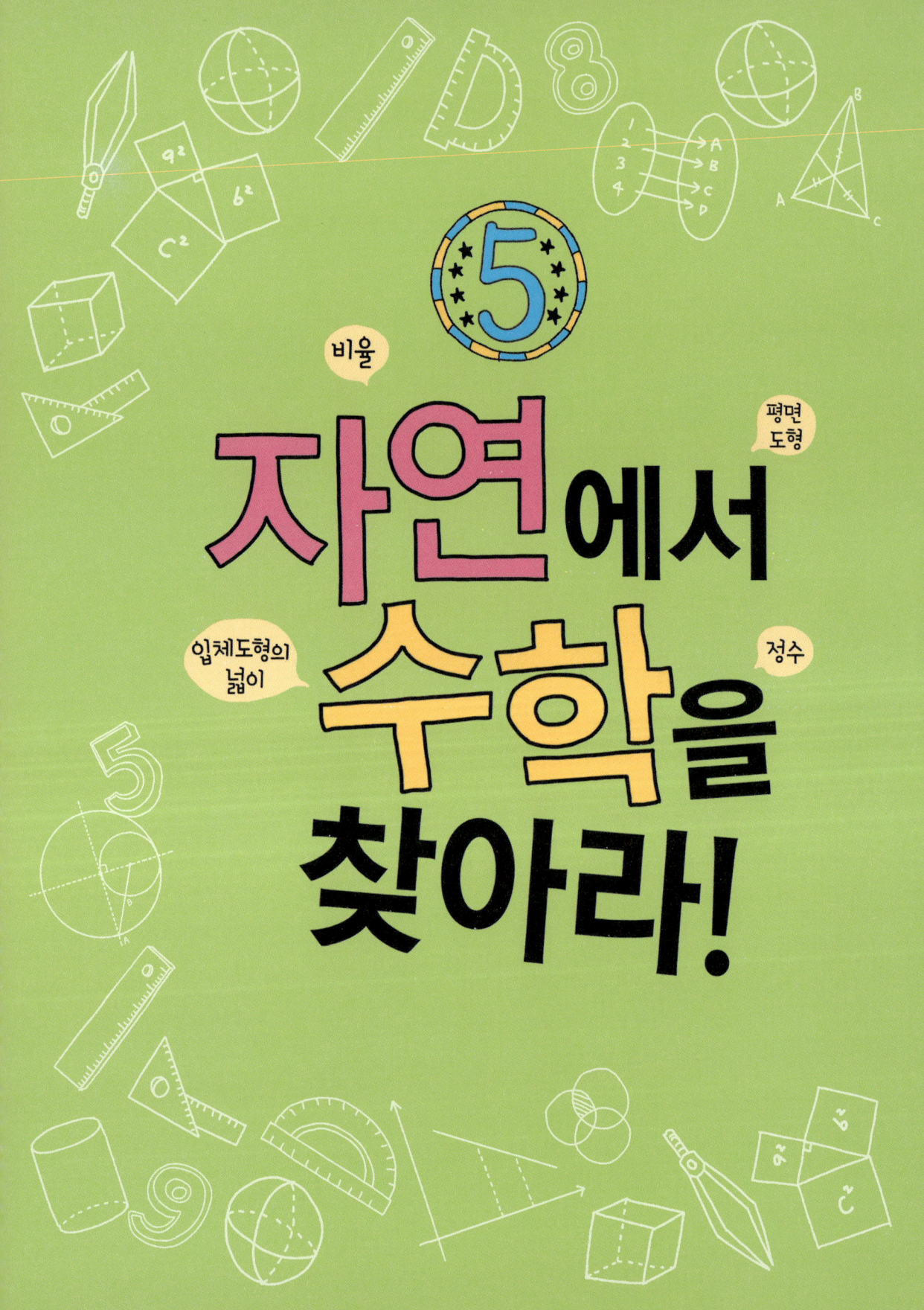

변화무쌍한 날씨, 자연환경 속에도 수학은 숨어 있답니다.
한겨울에 물이 어는 것을 보고 정수의 개념을 떠올릴 수 있어요.
벌집의 모양이 왜 육각형인지도 도형을 알면 금방 이해할 수 있지요.
또 바닷물 속에 녹아 있는 소금의 양을 통해 바닷물의 농도를 구할 수 있고,
엄마가 제습기 대신 숯을 집 안 곳곳에 놓아두는 이유가
입체도형의 겉넓이 때문이라는 사실도 알게 될 거예요.
신기한 자연환경 속 수학의 비밀을 밝혀 볼까요?

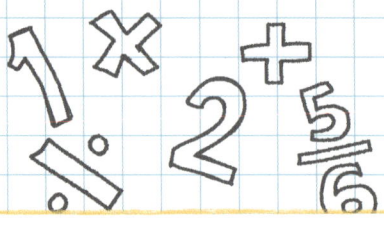

# 한겨울 기온 예상하기

곰이 깊은 잠에 빠져드는 계절, 겨울이 왔습니다. 오늘 아침에는 올해 들어 처음으로 흐르던 냇물이 얼었다고 합니다. 이것을 시작으로 앞으로 영하의 날씨가 계속될 전망입니다.

추위로 인한 사고를 방지하기 위해 여러분들의 주의가 필요합니다. 눈이 많이 오는 날은 가급적 운전을 삼가하고, 빙판길을 걸을 때는 주머니에 손을 넣고 걷기보다는 손을 빼고 걷는 것이 사고를 줄이는 방법입니다.

오랜 추위가 끝나면, 영상의 날씨를 되찾겠지만 일주일 정도의 꽃샘추위가 다시 여러분을 찾아올 예정입니다. 그 후에는 포근한 날씨가 이어지며 나들이를 하기에 좋은 계절이 될 것입니다.

아이, 추워. 물까지 얼었잖아.

겨울이 되면 날씨가 추워짐에 따라 개천이 얼기 시작해요. 서울을 가로지르는 한강이 얼기도 하지요.

과학에서는 0도가 되면 물이 언다고 해요. 이때 물이 얼기 시작하는 온도를 어는점이라고 하지요.

온도를 말할 때는 영하, 영상이라는 말을 많이 사용해요. 그렇다면 영하와 영상은 무엇을 나타내는 것일까요?

영하는 0도 보다 낮은 기온을 뜻해요. 수학적으로 말할 때는 음의 정수에 해당하지요. 음의 정수란 -1, -2, -3…과 같은 수를 말해요. 마이너스 1, 마이너스 2, 마이너스 3이라고 읽는답니다. 그래서 추운 겨울 영하의 날씨를 표시할 때에도 -1도, -2도, -3도 등과 같이 나타내는 거예요.

반대로 영상은 0도 보다 높은 기온을 뜻해요. 수학의 양의 정수에 해당하지요. 양의 정수란 +1, +2, +3…과 같은 수를 말해요.

이때 양의 정수에서 +기호를 생략한 1, 2, 3…등의 수들은 자연수라고 해요. 자연수는 우리가 수를 배우기 시작할 때부터 만나게 되는 숫자들이에요. 또 우리가 일상생활에서 가장 많이 사용하는 수이기도 하지요.

그럼 이제 0이란 수에 대해 알아볼까요? 0은 음의 정수일까요, 아니면 양의 정수일까요?

0은 음의 정수도 양의 정수도 아니랍니다. 0은 음의 정수와 양의 정수의 기준이 되는 기준점이에요.

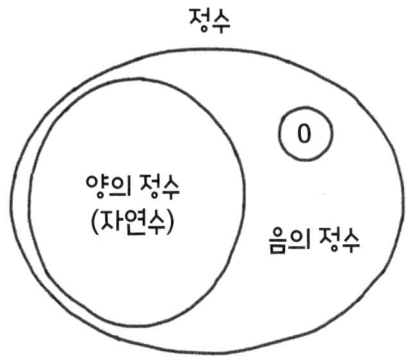

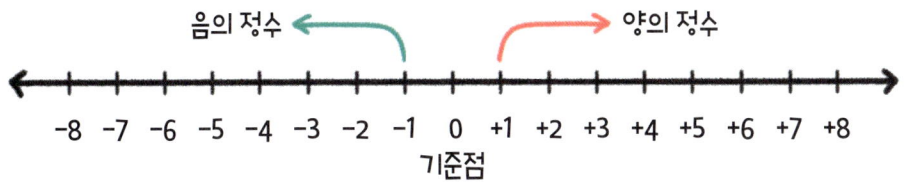

−1, −2, −3…과 같은 음의 정수와 +1, +2, +3…과 같은 양의 정수, 그리고 0을 전부 합하여 정수라고 해요. 정수는 모든 수학의 기본이 된답니다.

**정수**
음의 정수와 0, 양의 정수를 통틀어 칭하는 말
예) …−2, −1, 0, 1, 2…

**자연수**
예) 1, 2, 3…

**음의 정수**
자연수 1, 2, 3에 음의 부호 −를 붙인 수
예) −1, −2, −3…

**양의 정수**
자연수 1, 2, 3에 양의 부호 +를 붙인 수
예) +1, +2, +3…

평면도형

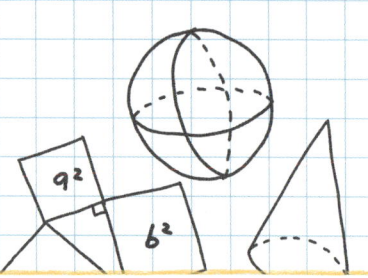

# 벌집의 모양이 육각형인 이유

벌꿀은 생명력이 왕성한 천연 알칼리 완전식품으로 알려져 있습니다. 특히 탁해진 혈액을 맑게 해 주어 성인병 예방과 치료에 큰 효과가 있습니다.

원인을 알 수 없는 알레르기로 인하여 고생할 경우 가장 잘 알려진 치료법 중 하나가 그 지방에서 나는 벌꿀을 먹는 것입니다.

꿀은 벌에 의해 소화되었다가 모아진 것이므로 우리 몸에서 소화나 분해 과정이 없이 바로 흡수된다고 합니다.

이렇게 사람에게 유익한 벌꿀은 꿀벌들에 의해 모아집니다. 꿀벌이 꿀을 모아두는 벌집은 정육각형을 연결해 놓은 형태로 되어 있어서 건축가들이나 수학자들에게 많은 관심을 불러일으켰습니다. 이들의 말에 따르면 벌집을 이루는 육각형의 모양은 경제적인 원칙에 의해 최소의 재료로 안정적인 집을 지을 수 있는 형태라고 합니다.

벌집의 육각형 구조는 가장 경제적인 건축 구조로 알려져 있어요. 길이가 24cm인 일정한 실을 이용하여 정삼각형, 정사각형, 정육각형, 그리고 원을 만들고 그 넓이를 계산하면 각각의 비는 다음과 같아요.

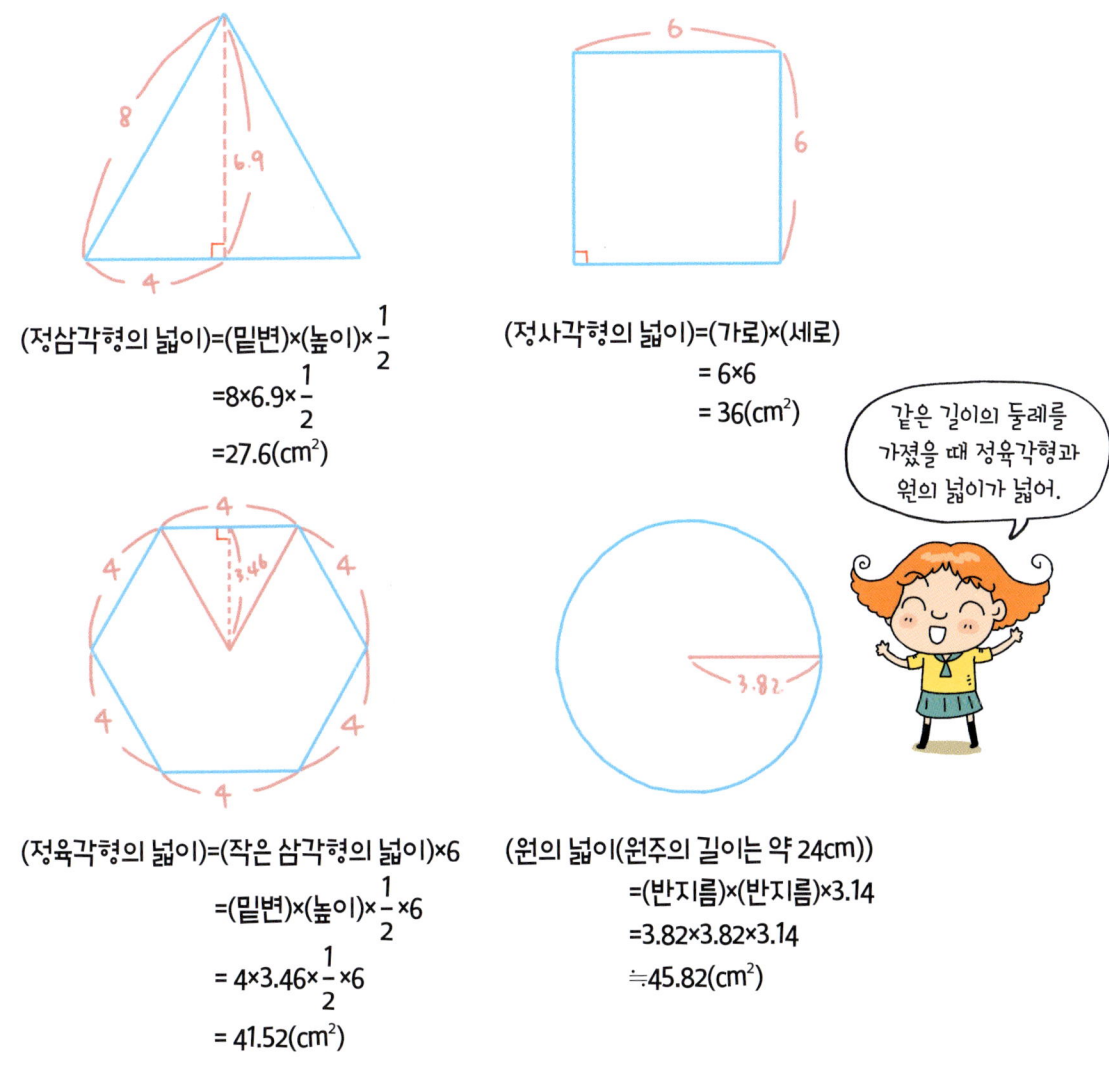

(정삼각형의 넓이)=(밑변)×(높이)×$\frac{1}{2}$
=8×6.9×$\frac{1}{2}$
=27.6(cm²)

(정사각형의 넓이)=(가로)×(세로)
= 6×6
= 36(cm²)

(정육각형의 넓이)=(작은 삼각형의 넓이)×6
=(밑변)×(높이)×$\frac{1}{2}$×6
= 4×3.46×$\frac{1}{2}$×6
= 41.52(cm²)

(원의 넓이(원주의 길이는 약 24cm))
=(반지름)×(반지름)×3.14
=3.82×3.82×3.14
≒45.82(cm²)

같은 길이의 둘레를 가졌을 때 정육각형과 원의 넓이가 넓어.

정삼각형:정사각형:정육각형:원=약 1.0:1.3:1.5:1.7

이 결과로 보면 가장 경제적인 도형은 바로 원이에요. 벌집이 원으로 만들어졌다면 더욱 경제적일 거라는 생각이 들지요?

하지만 위의 도형들을 여러 개 연결한다고 생각해 봅시다. 정삼각형과 정사각형, 정육각형은 한 꼭지점에 모인 각의 합이 360도가 되어서 빈틈 없이 여러 개의 도형을 연결할 수 있어요. 하지만 원을 여러 개 연결하면 가운데에 공간이 생기게 돼요. 빈 공간이 생기면 건축물의 구조가 안정적이지 않겠지요?

또 사각형보다는 삼각형이 안정적인 구조로 알려져 있어요. 그러나 정삼각형은 넓이가 작기 때문에 삼각형보다는 정육각형의 구조가 더 안정적이고 경제적이지요.

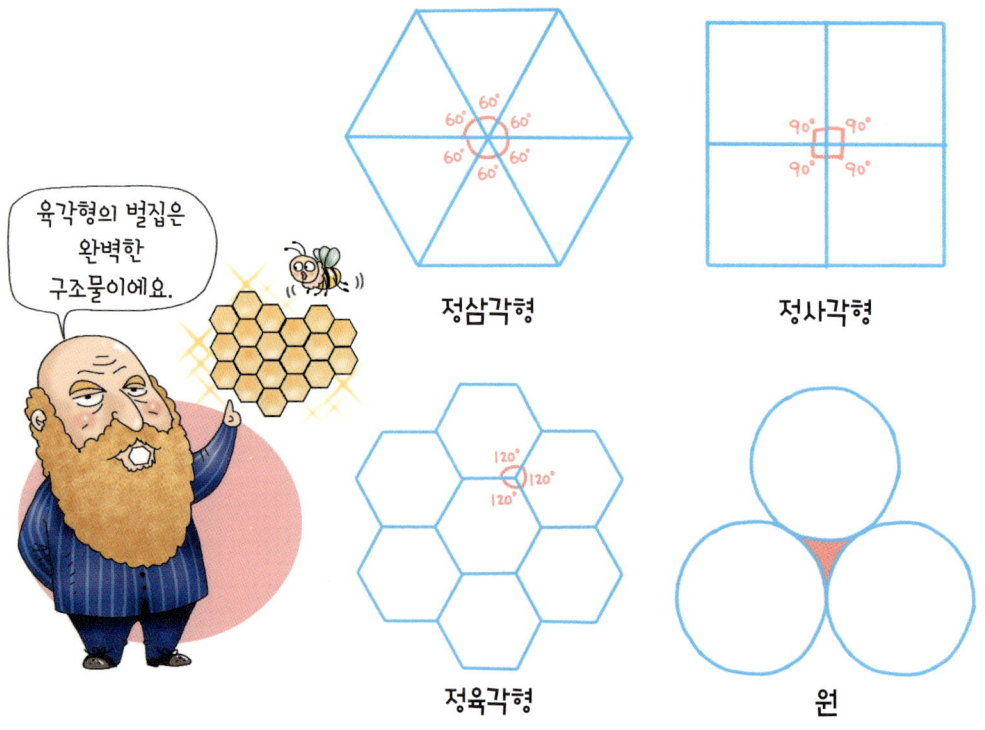

진화론의 창조자인 찰스 다윈은 "육각형의 벌집은 전혀 낭비가 없는 완벽한 구조물이다."라고 말했어요.

이러한 정육각형의 집을 짓는 것은 꿀벌 이외에도 말벌이 있답니다.

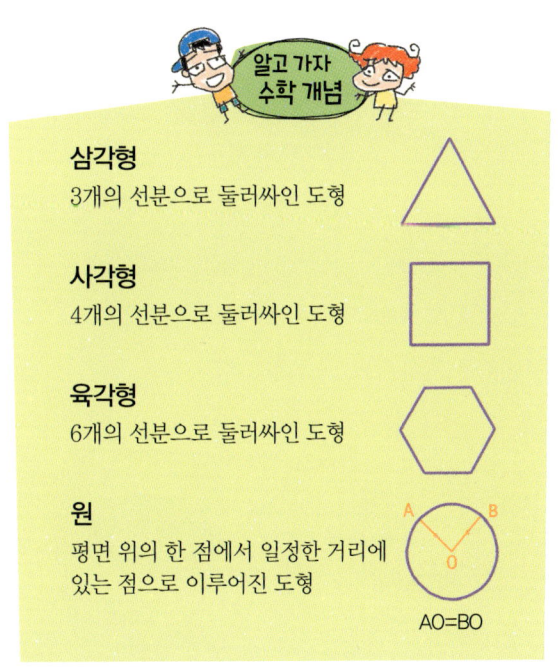

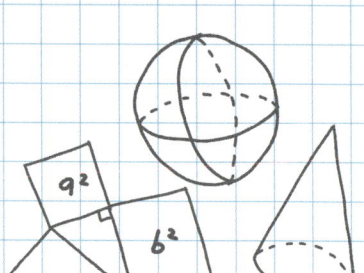

# 숯의 비밀

나무를 가마에 넣어 구워낸, 재가 되기 바로 직전의 검은 탄소 덩어리를 숯이라고 합니다. 우리나라는 예로부터 숯을 생활 속에 많이 이용해 왔습니다. 흔히 볼 수 있는 모습은 바로 장독 안에 숯을 넣어두는 것입니다. 이는 장 속에 들어 있는 불순물을 제거하기 위한 것이라고 합니다.

요즘에도 숯을 이용하는 곳이 참으로 많습니다. 물을 깨끗하게 하는 데 쓰이고, 피부 미용에도 그 효과가 뛰어납니다. 숯으로 만들어진 마사지 팩이나 비누를 사용하면 지성 피부나 여드름 피부에 효과가 좋다고 합니다.

또한 숯은 제습 기능을 가지고 있어 장마철에는 수분을 빨아들여 공기 중의 수분을 줄여주고, 겨울철에는 건조한 공기 중에 자신의 몸속에 품고 있던 습기를 내뿜어 습도 조절을 한다고 합니다.

숯은 표면에 오염된 물질이나 냄새 분자, 또는 물 분자를 흡수하여 공기와 물을 깨끗하게 해 줘요. 무엇이 이렇게 숯을 능력자로 만들었을까요?

바로 수학이 숯을 능력자로 만들었답니다. 나무가 숯이 되는 과정에서 숯의 표면에는 수많은 구멍이 생기게 돼요. 이 구멍들은 일정한 모양의 숯의 겉넓이를 엄청나게 넓게 만들지요. 그러면 이렇게 큰 겉넓이를 가진 숯의 표면에 오염 물질이 묻게 되므로 더 많은 양의 오염된 공기나 물을 깨끗하게 할 수 있는 것입니다.

시중에서 판매되고 있는 숯은 원기둥 모양으로 된 것이 많아요.

그럼 원기둥의 겉넓이는 어떻게 구할 수 있을까요? 원기둥은 원 모양의 밑면 두 개와 그 사이를 잇는 직사각형으로 이루어져 있어요.

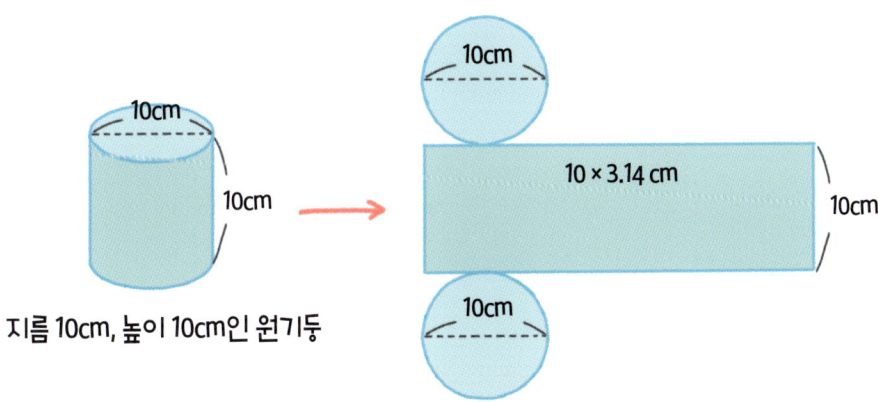

지름 10cm, 높이 10cm인 원기둥

(원기둥의 겉넓이)=(밑면의 넓이)×2+10×(밑면의 원의 둘레)

=(반지름)×(반지름)×3.14×2+10×(지름)×3.14

=(5×5×3.14)×2+(10×10×3.14)

=157+314=471(cm$^2$)

이 원기둥 가운데에 지름 4cm 구멍을 뚫는다고 가정하면, 구멍이 뚫린 부분의 겉넓이는 아래와 위가 막혀 있지 않으므로 직사각형 모양을 가져요. 그리고 이 면적에도 오염물이 묻게 되지요.

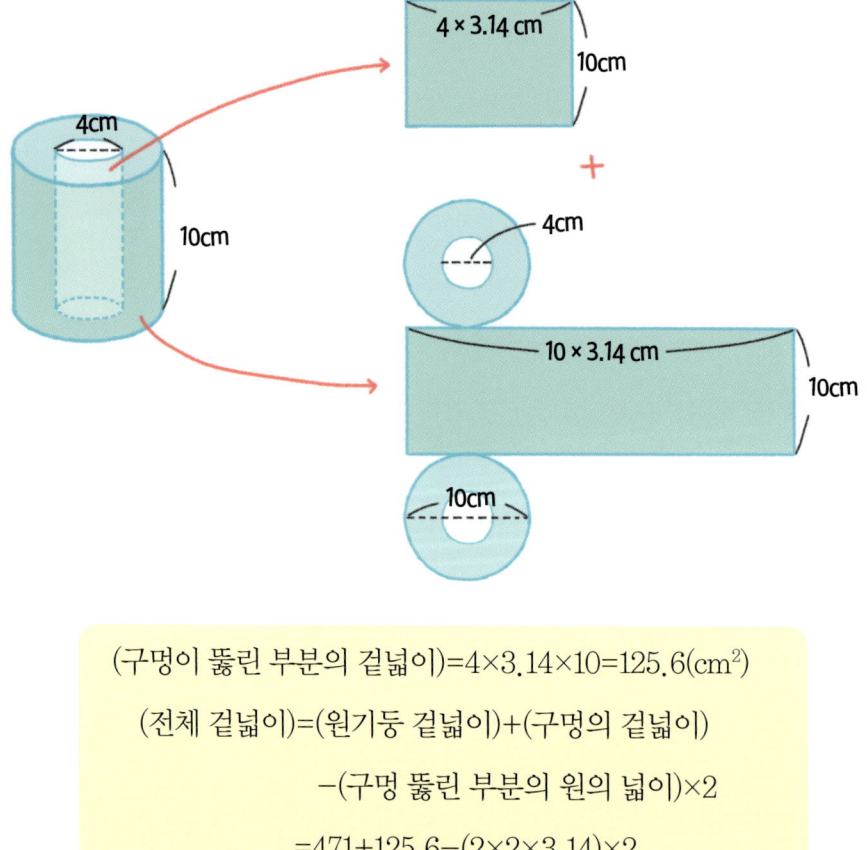

(구멍이 뚫린 부분의 겉넓이)=4×3.14×10=125.6(cm²)

(전체 겉넓이)=(원기둥 겉넓이)+(구멍의 겉넓이)

−(구멍 뚫린 부분의 원의 넓이)×2

=471+125.6−(2×2×3.14)×2

=571.48(cm²)

우리 생활 속에는 이와 같은 원리를 가진 물건들이 많이 있어요. 매직 블록이라고 불리는 작은 수세미나 목욕타월 등이 그것들이지요.

스펀지가 구멍이 뚫리지 않은 정육면체로 되어 있다면 여섯 면에 오염물이 모두 묻은 후에는 더 이상 사용할 수 없게 돼요. 그릇을 더 닦으려고 하면 오염물이 다시 그릇에 묻게 되지요.

하지만 이 정육면체의 중앙에 구멍을 내면, 안쪽에도 겉넓이를 가지게 되므로 부피는 정육면체와 같지만 겉넓이는 상대적으로 커져요. 그래서 더 많은 오염물질을 닦을 수 있게 되는 것이랍니다.

**알고 가자 수학 개념**

**입체도형의 겉넓이**
입체도형을 둘러싸고 있는 겉면의 넓이

**원기둥**
위아래의 면이 서로 평행하고 합동인 원으로 이루어진 기둥 모양의 입체도형

(원기둥의 겉넓이)
=(밑면의 넓이)×2+(옆넓이)
=(반지름)×(반지름)×3.14×2
　+(지름)×3.14×(원기둥의 높이)

**정육면체**
정사각형 모양의 면 6개로 둘러싸인 도형

(정육면체의 겉넓이)
=(한 면의 넓이)×6

# 소금물 농도 구하기

중국의 양쯔 강 상류에 세계 최대 규모의 샨사 댐이 완공되었습니다. 샨사 댐이 생김으로써 중국은 전기 에너지를 얻고 홍수를 조절할 수 있게 되었습니다.
샨사 댐은 엄청난 양의 물을 저장하고 있습니다. 이 댐은 중국의 생태계뿐만 아니라 우리나라의 해양 생태계에도 많은 영향을 줄 것으로 예상됩니다. 샨사 댐의 물이 한꺼번에 황해로 흘러들면 황해의 염도가 낮아질 것입니다. 염도가 낮아지면 갈치 및 옥돔잡이를 하는 제주도 인근의 어업에 많은 피해를 줍니다. 또한 전복, 소라, 성게 등의 어패류도 그 수가 줄어들게 됩니다.
어민들의 피해가 예상됨에 따라 우리나라는 지난 2003년부터 샨사 댐이 생태계에 미칠 영향을 연구하고 있습니다.

중국의 양쯔 강 상류에 있는 샨샤는 문화유산이 많고 자연 경치가 아름다운 협곡이에요. 그런데 샨샤 댐의 건설로 인해 생태계가 파괴될 가능성이 있다니 안타깝네요.

샨샤 댐에 가두어 둔 강물이 황해로 흘러들면 우리나라에도 영향을 미쳐요. 강물이 바닷물과 섞이면 바닷물의 농도가 낮아지고, 바닷물의 농도가 낮아지면 해양 생태계에 많은 변화를 주지요.

그러면 수학 시간에 응용문제로 자주 나오는 소금물이나 설탕물의 농도란 무엇일까요? 소금물이나 설탕물의 농도는 소금물이나 설탕물의 진한 정도를 나타내는 값이에요. 용액의 농도를 나타내는 방법에는 여러 가지가 있는데, 그 중에서도 백분율(%) 농도가 많이 이용돼요.

그럼 예를 하나 들어볼까요?

선생님께서 수아와 학이에게 바닷물 속에 얼마나 많은 소금이 녹아 있는지 조사하는 숙제를 내주었어요.

두 사람은 숙제를 하기 위해 바다로 갔어요. 학이는 바닷물 500g를 담아 와 가열했어요. 수아는 50g의 바닷물을 담아 와 가열하였지요.

이때 학이가 가져온 바닷물에는 수아의 바닷물보다 많은 양의 소금이 녹아 있을까요? 그리고 그 농도가 더 높을까요, 낮을까요?

학이와 수아가 가지고 온 바닷물의 농도를 비교하기 위해서는 약속이 필요해요. 같은 양의 바닷물 속 소금의 양을 비교해야 하지요.

선생님께서는 바닷물의 양을 100g으로 하자고 하였어요.

(바닷물의 농도)=(100g의 바닷물 속에 든 소금의 양)

물론 학이와 수아는 100g보다 많거나 적은 양의 바닷물을 가열해서 소금을 얻을 수도 있어요. 그럴 때는 바닷물이 100g이라고 했을 때 소금의 양이 얼마가 되는지를 구하면 된답니다.

예를 들어 학이가 500g의 바닷물에서 15g의 소금을 얻었을 경우, 100g의 바닷물 안에는 3g이 녹아 있다고 할 수 있으니 농도는 3%가 돼요.

$$\frac{15}{500} = \frac{3}{100}, \frac{3}{100} \times 100 = 3\%$$

그리고 수아가 50g의 바닷물에서 6g의 소금을 얻었다면, 100g의 바닷물 안에는 12g이 녹아 있다고 할 수 있으니 농도는 12%가 된답니다.

$$\frac{6}{50} = \frac{12}{100}, \frac{12}{100} \times 100 = 12\%$$

따라서 학이가 더 많은 양의 소금을 얻었지만, 수아가 담아 온 바닷물의 농도가 더 높다는 것을 알 수 있어요.

**비율**
기준량에 대한 비교하는 양의 크기

**백분율**
기준량을 100으로 볼 때의 비율

**소금물이나 설탕물의 농도**
소금물과 설탕물의 진한 정도를 나타낸 값. 주로 백분율(%) 농도를 이용한다.

# 아르키메데스의 묘비에 새겨진
# 도형의 비밀

    아르키메데스는 벌거벗은 채로 욕조에서 뛰어나오며 "유레카!"라고 외친 수학자로 유명해요. '유레카'라는 말은 그리스 어로 '알았다', '찾았다'는 뜻이에요.
    아르키메데스는 인류 역사에 기록된 위대한 수학자 중 한 명이에요. 아르키메데스는 기원전 287년경에 이탈리아의 시칠리아 섬에 있는 도시 국가인 시라쿠사에서 태어났어요. 그는 이집트에서 수학과 물리학을 공부했지요. 고향으로 돌아온 그는 시라쿠사의 왕을 위해 지렛대와 물을 뿜어 올리는 펌프 등 여러 가지 물건을 발명했어요. 또 로마가 시라쿠사를 공격했을 때 시라쿠사를 지키는 데 필요한 무기도 발명했지요. 그는 돌을 멀리까지 던질 수 있는 기계와 기중기를 발명하여 로마의 배를 침몰시켰어요. 그리고 거울 장치를 이용해 태양 광선을 한 점에 모아 로마의 배를 불태웠다는 이야기도 있어요.
    아르키메데스는 기원전 212년 로마의 군대가 시라쿠사를 함락시킨 날에 죽었어요. 그는 로마 병사들이 도시를 약탈하고 있을 때도 땅에 원을 그려 놓고 기하학에 빠져 있었지요. 이때 로마의 한 병사가 다가오자 "내 원을 밟지 마라!"라고 외쳤어요. 이에 화가 난 로마의 병사가 이 위대한 수학자를 죽였다고 해요. 로마의 마르켈루스 장군은 아르키메데스의 죽음을 아쉬워하며 묘비를 세워 주었어요. 아르키메데스의 묘비에는 원기둥과 그 안에 꼭 맞게 들어가는 원뿔과 구가 새겨져 있다고 해요.

묘비에 그려진 원기둥, 구, 원뿔을 살펴보면 원기둥과 원뿔은 밑면의 원과 높이가 같고, 구의 반지름은 원기둥 밑면의 반지름과 같아요. 원뿔과 구는 원기둥 안에 '내접'하고 있지요. 하나의 도형이 다른 도형의 안쪽에 접하는 것을 내접이라고 해요. 내접하는 원기둥, 구, 원뿔의 부피 사이에는 아래와 같은 비율이 성립해요.

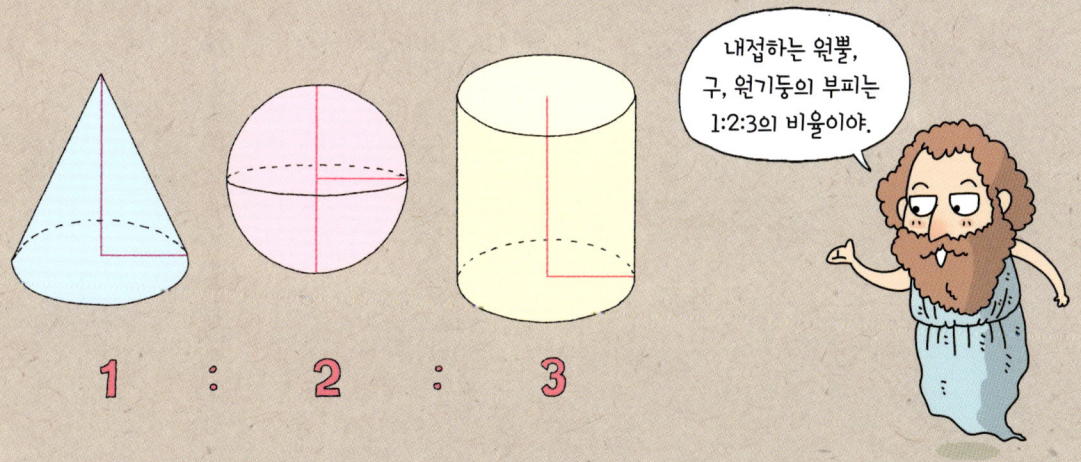

아르키메데스는 구와 원기둥의 부피를 구하는 방법에 관심이 많았어요. 그는 구의 부피를 구하는 방법을 최초로 알아냈어요. 그리고 원기둥에 내접하는 구의 부피는 원기둥의 $\frac{2}{3}$라는 사실도 발견했지요. 그는 내접하는 원뿔, 구, 원기둥의 부피가 1:2:3의 비율이라는 사실을 발견한 뒤 수학의 신비로운 조화에 무척 감탄했다고 해요. 그는 자신이 발견한 수학 원리를 자랑스럽게 생각했어요. 그래서 평소에 사람들에게 자신의 묘비에 이 도형의 그림을 새겨 달라고 부탁했답니다.

**사진 출처**
연합뉴스, Shutterstock

- 이 책에 실린 사진은 저작권자의 허락을 받아 게재한 것입니다.
- 저작권자를 찾지 못해 게재 허락을 받지 못한 일부 사진은 저작권자가 확인되는 대로 게재 허락을 받고 통상 기준에 따라 사용료를 지불하겠습니다.

## | 찾아보기 |

거리 · 97
경우의 수 · 89
곡선 · 113
공약수 · 17
구 · 101
그래프 · 69

나머지 · 25
농도 · 149

다면체 · 101
단위 · 80
단위 변환 · 80
동위각 · 105

면 · 117

반비례 관계 · 64
반올림 · 53
배수 · 29
백분율 · 57
버림 · 53
비례식 · 93
비율 · 149

사각형 · 141
사이클로이드 곡선 · 113
삼각형 · 141
선분 · 117
소수 · 17
속력 · 97
시간 · 97

약수 · 17
양의 정수 · 137
엇각 · 105
연이율 · 60
올림 · 53
원 · 141
원기둥 · 145
원의 넓이 · 37
원주율 · 37
육각형 · 141
음의 정수 · 137
이자율 · 60
일대일 대응 · 20
입체도형 · 101
입체도형의 겉넓이 · 145

자연수 · 137
점 · 117

정비례 관계 · 64
정수 · 137
정육면체 · 145
좌표 · 41
직각 삼각형 · 33
직사각형의 넓이 · 37

최대공약수 · 17
최소공배수 · 125

통분 · 125

ㅍ

평균 · 73
평행 · 105
평행선 · 105
피타고라스의 정리 · 33

한붓그리기 · 121
할푼리 · 93
함수 · 77
혼합 계산 · 49
황금비 · 129